AF326023

GUIDE

DES

CULTIVATEURS.

PRIX DE L'OUVRAGE : 3 FRANCS.

GUIDE

THÉORIQUE ET PRATIQUE

DES

CULTIVATEURS

OU

ENSEIGNEMENT CLAIR ET PRÉCIS

DE LA

SCIENCE AGRICOLE MODERNE,

PAR

ROBIN (Taurin-Théodore),

DE SAINT-PIERRE-LE-MOUTIER (NIÈVRE),

MEMBRE ET LAURÉAT DE 1re CLASSE DE L'ACADÉMIE NATIONALE AGRICOLE,
MANUFACTURIÈRE ET COMMERCIALE DE PARIS.

La prospérité de l'agriculture étant le signe le plus certain de la richesse nationale, c'est faire acte de bon citoyen que de chercher à répandre les meilleurs systèmes de la pratique de cet art.

SE TROUVE :

Chez L'AUTEUR, à Saint-Pierre-le-Moutier (Nièvre);

Chez M. DUCOURTHIAL, commis principal des contributions indirectes, place Ducale, nᵒ 12, à Nevers;

Et dans les autres villes, chez les Libraires auxquels on en fait la demande.

1861

DÉDICACE.

A SON EXCELLENCE

MONSIEUR LE MINISTRE DE L'AGRICULTURE ET DU COMMERCE.

MONSIEUR LE MINISTRE,

Encouragé par les félicitations réitérées de l'Académie nationale, agricole, manufacturière et commerciale, qui vient même de me décerner une médaille de première classe, pour les nombreuses communications que je lui ai faites de partie de mes travaux sur l'agriculture, et conseillé par elle de réunir ces travaux en un volume, j'ai cru devoir suivre cette bienveillante inspiration.

A qui pouvais-je dédier cet ouvrage, si ce n'est à vous, Monsieur le Ministre, dont l'esprit est si éclairé, les connaissances si variées et si profondes, et qui êtes investi de fonctions si élevées et si en rapport avec les matières que je traite? Je vous en fais donc ici l'hommage, certain que, sous vos auspices, il sera accueilli avec toute la faveur que lui assure un si haut patronage.

Je suis,

Monsieur le Ministre,

Avec le plus profond respect,

De Votre Excellence,

Le très-humble serviteur,

ROBIN (TAURIN-THÉODORE),

Membre et lauréat de 1re classe de l'Académie nationale agricole, manufacturière et commerciale de Paris.

PRÉFACE.

Depuis long-temps, nous nous consacrons avec zèle à la pratique et à la théorie de la science agricole, et nous y appliquons toute l'énergie, toute l'aptitude et toute l'intelligence que Dieu nous a départies; c'est que cette branche intéressante est pour nous pleine d'attraits et de charmes. En effet, quoi de plus séduisant, de plus beau, que le spectacle sans cesse renaissant de la végétation des plantes! Quel admirable coup d'œil que celui que présentent des campagnes bien cultivées, couvertes de riches récoltes, et animées par le nombre et la variété des travaux qui s'y accomplissent constamment! Et puis, quelle satisfaction pour tout homme véritablement philanthrope, que de pouvoir occuper ainsi beaucoup de bras et assurer, conséquemment, la subsistance d'une foule de familles , tout en les faisant elles-mêmes contribuer à l'augmentation de la richesse publique, dont l'agriculture est la véritable source !

Il n'est donc pas étonnant si nous voyons tous les jours des hommes, dans toutes les positions sociales, même les plus élevées, aspirer au moment où ils auront la possibilité de devenir campagnards, pour se livrer à la culture des champs , persuadés qu'ils sont que , dans cette nouvelle position , ils auront une existence infiniment plus calme et , partant, plus heureuse que celle que procurent les villes.

Ainsi, il arrive qu'à une certaine phase de leur carrière, beaucoup d'hommes deviennent agriculteurs, sur une plus ou moins grande échelle, selon leurs facultés pécuniaires ou les circonstances. Quelques-uns, doués de dispositions et d'une capacité hors ligne , sont bientôt au courant de leur nouvel état, et déploient, dans l'application des principes qui le régissent, une sagacité telle, qu'ils obtiennent, à la surprise générale, dans un court espace de temps, de magnifiques résultats, passant ainsi rapidement du noviciat à une connaissance approfondie de l'art agricole ; mais les autres, moins favorisés de la nature , ne tardent pas à éprouver des déceptions et des ennuis de toutes sortes. C'est alors qu'apparaît pour eux le revers de la médaille et qu'il envisagent, sous un tout autre point de vue, la vie champêtre.

Disons-le, un aussi déplorable échec serait évité, si les débutants étaient sagement guidés dans leurs premières opérations agricoles; mais là est précisément le point difficile : Où et comment découvrir un appui semblable? On le cherche, mais presque toujours vainement : force est donc de recourir aux livres. Sans doute, il en existe beaucoup où sont développés, avec un grand talent, les meilleurs procédés d'application de l'art agricole; mais quelques-uns sont d'énormes recueils, dans lesquels il est longuement disserté de chimie, de physique, de botanique, de médecine vétérinaire, etc., etc., et qui, précisément, à raison de ces matières scientifiques, font reculer quantité de lecteurs; d'autres sont des traités spéciaux, et ne peuvent, dès-lors, remplir le but que se propose celui qui veut acquérir des connaissances générales sur l'agriculture; enfin, le surplus de ces ouvrages se compose d'opuscules, espèce de tableaux synoptiques, tout à fait insuffisants pour inculquer ces connaissances.

Il nous a semblé, en cet état de choses, que ce serait rendre un véritable service, non-seulement à ceux qui veulent s'initier à l'agriculture, mais encore à un grand nombre de praticiens, que de composer un ouvrage qui résumât clairement, en termes simples, la science usuelle agricole moderne, et la mît ainsi à la portée de toutes les intelligences et de toutes les positions sociales.

Nous avons pensé encore qu'il ne devrait pas être question dans cet ouvrage d'horticulture, de viticulture, d'arboriculture, de sylviculture, par le motif que ces points, exigeant indispensablement de longs développements, n'étaient pas de nature à entrer dans le cadre d'un semblable ouvrage ; qu'il ne fallait point non plus, par la même raison, y parler de certaines plantes dont les cultures sont restreintes à quelques localités, telles que celles du riz, du tabac, du houblon, des produits tinctoriaux, etc.; en un mot, il nous est apparu que, pour remplir le but proposé, cet ouvrage n'avait à s'occuper que de l'agriculture proprement dite et généralement répandue, ainsi que de quelques considérations s'y rattachant essentiellement.

Bien convaincu de l'utilité d'un livre de ce genre, nous nous sommes demandé si nous ne devions pas essayer de le composer. Long-temps nous avons hésité à ce sujet ; mais, ayant réfléchi qu'après tout, s'il ne nous était pas donné d'avoir l'érudition d'OLIVIER DE SERRES, de l'abbé ROSIER, de M. DE MOROGUES, de M. MATHIEU DE DOMBASLE et autres grands écrivains agricoles, nous étions, du moins autant qu'eux, dévoué aux intérêts publics, nous nous sommes enfin décidé à entreprendre ce travail. Ajoutons, du reste, que nous y avons été vivement encouragé par l'Académie nationale, agricole et manufacturière, dont nous avons l'honneur d'être l'un des membres correspondants.

Nous mettant donc résolument à l'œuvre, et tirant parti de nos nombreuses observations, de notre longue pratique et de nos études attentives et sérieuses sur l'agriculture, nous sommes parvenu à créer, non pas un traité brillant de cette science, telles n'ont jamais été nos prétentions, mais un ouvrage à l'aide duquel chacun pourra étayer sa marche, et acquérir facilement tous les éléments de l'art agricole, avec la certitude de ne pas faire fausse route, et, conséquemment, d'être à l'abri des déboires que nous avons plus haut signalés. Nous avons, d'ailleurs, travaillé à cet ouvrage avec dévouement et conscience ; puissent nos lecteurs ne point nous refuser ce léger mérite ; c'est là notre seule ambition.

CHAPITRE I.

SOMMAIRE :

ART. 1er.

Des principes généraux d'économie rurale.

La science de l'économie rurale exige, dans son application, une grande rectitude de jugement, un caractère prévoyant et une connaissance parfaite des bonnes pratiques agricoles.

Essayons d'en tracer les principales règles et les cas les plus fréquents.

Ainsi, en économie rurale, il faut qu'un agriculteur sache proportionner l'étendue de ses terres à ses ressources pécuniaires; qu'il ait des bestiaux d'espèces convenables, qu'il les nourrisse copieusement et les soumette à l'excellent régime de la stabulation permanente; que la quantité en soit en rapport avec celle de ses fourrages et de ses pailles et l'importance de sa culture; qu'il n'ait que le nombre de domestiques strictement nécessaire pour son exploitation; qu'il s'attache à les prendre bons et à les conserver le plus long-temps possible; qu'il ne cultive que les denrées dont il a l'emploi facile ou un débouché avantageux; qu'il profite des cours élevés pour écouler ses produits; que ses assolements soient combinés de telle sorte qu'ils n'effritent pas le sol et le maintiennent, au contraire, dans un état constant de fertilité; qu'il cultive, à la proximité de son habitation, les plantes qui exigent le plus de fumier et de main-d'œuvre; qu'il fasse en sorte d'approprier toutes ses terres aux diverses sortes de produits qui conviennent à chacune d'elles; qu'il emploie tous les déchets à la nourriture des animaux et à la composition des engrais; qu'il produise le plus possible de ces derniers; qu'il évite toutes les dépenses inutiles, mais qu'il ne craigne pas de faire celles qui peuvent être profitables à son exploitation; qu'il saisisse les instants les plus propices pour l'exécution de ses travaux; qu'il procède expéditivement à la levée de ses récoltes; qu'il entretienne avec soin ses instruments aratoires; qu'il en ait constamment de rechange, afin de ne pas se trouver dans le cas, par la rupture de l'un d'eux, d'interrompre tout-à-coup un ouvrage des plus urgents; qu'il entretienne également les fossés et rigoles et les clôtures de toutes sortes; qu'il passe à la chaux ses blés de semence, afin de les préserver de la carie, qu'il n'en emploie à cet usage que de parfaitement propres et d'excellente qualité; qu'il surveille personnellement et minutieusement son exploitation; qu'il ne s'en absente que très-rarement, et qu'il y soit le premier levé et le dernier couché.

Il existe encore beaucoup d'autres exemples, sans doute, d'une économie rurale bien entendue; mais nous croyons devoir nous borner ici à ceux qui précèdent, pensant qu'ils caractérisent suffisamment cette branche de l'agriculture.

Toutefois, nous aborderons plus loin, avec certains détails et suivant l'ordre d'idées que nous nous sommes tracé, d'autres considérations sur cet important sujet.

ART. 2.

De la comptabilité agricole.

Dans toutes les professions, et principalement dans celle de l'agriculteur, l'ordre est la condition *sine quâ non* d'une réussite; sans cette qualité, on se ruine souvent et on ne s'enrichit que par hasard. Nous ne saurions donc trop engager les cultivateurs à n'apporter aucune négligence sur ce point si essentiel de leurs intérêts.

Quelques économistes théoriciens ont prétendu que, pour que les agriculteurs pussent se rendre un compte parfaitement exact de leurs opérations quotidiennes, il fallait qu'ils tinssent des livres en partie double; et, à l'appui de leur système, ils ont donné certaines formules fort ingénieuses à la vérité; mais, selon nous, d'une application, sinon impossible, du moins très-difficile. Or, ce qu'il faut en agriculture, en fait de comptabilité, est de la plus grande simplicité. Les écritures doivent y être, pour ainsi dire, une opération exclusivement manuelle et, conséquemment, dégagée de tout travail de l'esprit. Non pas, certes, que nous méconnaissions les précieux avantages d'une tenue de livres en partie double; bien au contraire, nous nous empressons de les préconiser; mais nous soutenons qu'à raison de la multiplicité et de la diversité des cas qui se produisent dans les exploitations agricoles et de la position des personnes qui les dirigent, ce système de comptabilité y est inapplicable.

Un seul registre, par *recette* ou *avoir*, ou par *dépense* ou *doit*, nous semble suffire à tous les cultivateurs, pour les mettre à même de se rendre un compte exact des opérations de leurs exploitations. Autant que possible, il ne faut point qu'ils renvoient au lendemain les écritures du jour, autrement ils feraient certainement des omissions.

S'agit-il de marchés arrêtés avec des ouvriers ou entre-preneurs, ou bien d'achats ou de ventes à termes de denrées quelconques? Le registre précité peut servir à les consi-gner, ce qui se fait, du reste, très-brièvement.

Veut-on se rappeler la quantité de semence employée, de produits récoltés ou tout autre opération agricole? On en passe écriture sur le même registre.

En un mot, ce livre, en même temps qu'il sert à la comptabilité, est un *memento* des choses les plus impor-tantes de l'exploitation; mais, pour que la recherche des divers articles qui y figurent en soit facile, il faut avoir soin de mettre en marge de chacun d'eux, le plus appa-remment possible, l'indication de la personne ou de l'objet qui s'y rapporte.

Dans le but de prévenir toute contestation avec les gens à gages, entrepreneurs ou fournisseurs, il est nécessaire de leur consacrer de petits registres dont ils restent les détenteurs et sur lesquels on inscrit chaque payement qu'on leur fait ou chaque livraison qu'ils opèrent. Même inscrip-tion, bien entendu, a lieu sur le registre général dont nous avons parlé plus haut; et il s'établit ainsi un contrôle qui prévient les difficultés si communes dans cette partie de l'économie rurale.

Quant aux ouvriers qu'on emploie à la semaine ou au mois, on peut se contenter, pour établir leur compte, d'une simple feuille qu'on dresse en forme de tableau synoptique et sur laquelle on porte, en regard du nom de chacun d'eux, la quotité de leur salaire et le nombre de leurs journées de travail par quantième.

Le léger travail qu'occasionne toutes les mesures d'ordre dont nous venons de parler procure trop d'avantages à tous les agriculteurs, pour que ceux d'entre eux qui comprennent bien leurs véritables intérêts, puissent hésiter un seul instant à s'y livrer.

ART. 3.

Du choix d'un régisseur de propriétés rurales.

Il ne manque pas d'hommes qui aspirent à régir des domaines ; un semblable poste est généralement recherché, en raison, sans doute, de l'autorité qu'il confère sur le grand nombre d'individus employés aux travaux qu'on est appelé à faire exécuter. Ce sentiment de faiblesse et de misérable orgueil semble, d'ailleurs, inhérent à notre pauvre nature humaine.

Mais, s'il est reconnu que les candidats aux fonctions de régisseurs sont abondants, il ne l'est pas que ceux vraiment capables et qui, comme tels, peuvent rendre de grands services aux propriétaires qui les emploient, soient en nombre suffisant ; bien au contraire, grande est leur rareté ; lors donc qu'on a été assez heureux pour se procurer un régisseur de cette catégorie, il faut y tenir et ne pas craindre de faire pour lui des sacrifices proportionnés à l'importance de l'exploitation qu'il dirige, afin de se l'attacher.

Il existe, il est vrai, des institutions agricoles dans lesquelles des professeurs distingués par leur profond savoir et une grande aptitude pour la carrière qu'ils ont embrassée s'efforcent de faire acquérir aux élèves qui leur sont confiés toutes les connaissances indispensables à l'administration d'une ferme; par ce moyen, sans doute, la quantité des sujets se trouve augmentée; mais le nombre de ces institutions est trop limité pour fournir tous les chefs d'exploitation dont le besoin se fait sentir; et, d'ailleurs, ce n'est pas en sortant de ces écoles que ces jeunes gens ont assez d'expérience pour gérer par eux-mêmes une grande exploitation. Ajoutons aussi que beaucoup d'entre eux ne nous semblent pas avoir l'instruction première suffisante pour mettre à profit complet les excellents principes qu'on cherche à leur inculquer, et sont, dès-lors, constamment au-dessous de la capacité que doit avoir tout régisseur.

Lorsqu'on veut s'assurer que celui qui se présente comme tel possède les qualités sans lesquelles il ne saurait y avoir qu'une mauvaise administration, il faut, au préalable, prendre des renseignements sur ses antécédents et principalement sur sa probité, à l'égard de laquelle il ne doit pas s'élever le plus petit nuage. Si ces renseignements sont favorables, on le fait venir, on converse longuement avec lui, on lui fait visiter la propriété qu'il s'agit de diriger, on lui demande sur elle ses appréciations personnelles, le système de culture qu'il lui appliquerait, les améliorations qu'il juge utiles, son opinion sur les produits qui résulteraient du tout, le chiffre approximatif des dépenses à faire, etc., etc. Ces explications étant données verbalement par le candidat, il faut exiger qu'il les réitère et les développe par écrit.

Après avoir pris connaissance de ce travail, on se trouvera nécessairement édifié, aussi complètement que possible, sur le mérite du postulant, et on sera, par conséquent, à même d'agir envers lui avec toute connaissance de cause.

De son côté, celui qui se présente pour régisseur ne doit, sous peine de graves désagréments, en accepter les fonctions qu'autant qu'il lui paraît certain que les ressources pécuniaires du propriétaire qui l'emploie permettent la réalisation entière du plan de culture adopté entre eux.

Enfin, pour assurer l'exécution des engagements pris de part et d'autre, il faut qu'un traité en soit rédigé et contienne, comme moyen de sanction, un dédit réciproque.

ART. 4.

Du choix d'un fermier.

Nous ne saurions trop blâmer la conduite de certains propriétaires fonciers qui, dans un intérêt fort mal entendu, accueillent de préférence pour leurs fermiers les concurrents dont les offres sont les plus élevées, sans se préoccuper le moins du monde d'autres considérations pourtant bien essentielles.

Que de mécomptes et de déceptions ne voit-on pas, chaque jour, surgir d'une manière si peu raisonnable de procéder!

En effet :

Tantôt, par de vicieuses méthodes de culture et un caractère qui se refuse à écouter les plus justes observations, un mauvais fermier vous met dans la pénible nécessité de lui intenter un procès;

Tantôt, c'est la notoriété publique qui vous apprend que, par son inconduite ou ses tracasseries journalières, il s'est attiré la déconsidération ou la haine de ses voisins;

Tantôt, enfin, il vient vous prévenir qu'à bout de ressources, il ne peut plus s'acquitter envers vous de ses obligations, et qu'il faut conséquemment que vous repreniez votre ferme, heureux encore lorsqu'il ne vous la laisse pas dans un délabrement complet ou que vous n'êtes point obligé de faire prononcer judiciairement la résolution du bail.

Voilà, selon nous, de graves inconvénients.

S'attacher à les prévenir, doit donc être la principale préoccupation d'un propriétaire prudent.

Ainsi, il devra rechercher dans un fermier la loyauté, l'intelligence, l'ordre, l'activité et la douceur de mœurs, qualités toutes fort essentielles; mais qui, cependant, ne suffiraient pas encore pour garantir le propriétaire du payement exact de ses fermages; car, par suite des intempéries ou des sinistres qui peuvent se produire dans la métairie, le fermier, même avec les qualités que nous venons d'énumérer, n'est pas toujours sûr de remplir ses engagements, s'il n'a pas, en dehors de son exploitation, certaines ressources pécuniaires. Ce point devra donc aussi être apprécié par le propriétaire.

Malheureusement, beaucoup de possesseurs du sol, séduits par les hauts prix qui leur sont offerts, s'écartent souvent de la ligne de conduite que nous venons de tracer, et, bien que l'expérience leur démontre la fausseté de leur calcul, ils tombent dans la même faute à chaque renouvellement du bail; ils sont, en vérité, incorrigibles.

Pour s'assurer si le fermier remplit bien les conditions qu'on désire, il est indispensable de se livrer à des investigations fort minutieuses : la visite de son ancienne ferme, l'opinion que ceux qui l'entourent ou le connaissent ont sur son compte , les différents pourparlers qu'on aura avec lui , et la manière dont il débattra ses intérêts , donneront à peu près la mesure exacte de ce qu'il faudra attendre ou espérer de lui.

C'est surtout lorsque les propriétaires veulent modifier de vieux et mauvais modes de culture , qu'ils doivent être difficiles sur le choix d'un fermier et s'associer largement aux dépenses occasionnées par les innovations. En suivant cette voie, ils verront, presque toujours, leurs propriétés au moins doubler de valeur au bout d'un petit nombre d'années.

Il est remarquable que presque tous les fermiers qui jouissent depuis long-temps d'héritages cultivés par l'ancien système , se refusent obstinément à marcher dans le sentier du progrès. Lors donc qu'un propriétaire voit ses intentions d'améliorer son domaine paralysées par la force d'inertie ou le mauvais vouloir que lui oppose son fermier , il ne doit point lui passer un nouveau bail , quelles que soient, d'ailleurs, les promesses que celui-ci lui fasse alors ; car le propriétaire peut être assuré qu'elles n'ont lieu ainsi que pour le besoin de la cause ; et que, dès que le fermier aura obtenu un renouvellement, il oubliera complètement ce qu'il aura promis, quand bien même on en aurait fait l'objet d'une stipulation formelle.

ART. 5.

Des domestiques champêtres.

Le choix de bons serviteurs est une chose fort importante en économie rurale. Tous les agriculteurs sont pénétrés de cette vérité ; et cependant beaucoup d'entre eux, reculant devant une légère augmentation de salaire, délaissent d'excellents domestiques pour en prendre d'autres qui leur sont inférieurs à tous égards. C'est évidemment là un très-mauvais calcul ; car, par leur intelligence, leur aptitude, leur caractère soigneux et leur labeur incessant, qualités qui, toutes, doivent appartenir aux bons serviteurs, ces derniers ont bientôt indemnisé leurs maîtres de la petite élévation de salaires qu'ils en exigent.

Ayez un mauvais domestique ; dans un seul jour, par son incurie et sa négligence, il vous fera perdre souvent une somme importante : tantôt ce sera un animal qui, mal soigné ou dont la maladie n'aura pas été prise assez vite, périra subitement, à votre grand préjudice ; tantôt ce sera un bris de chariot ou autre instrument agricole qui se produira, faute d'avoir fait faire à temps une très-minime réparation ; tantôt enfin, ce sera une récolte quelconque qui, n'ayant pas été coupée ou enlevée opportunément, se trouvera considérablement diminuée de valeur et même quelquefois entièrement perdue.

Mais ce n'est pas tout : la besogne du mauvais domestique est de moitié moins expéditive, ce qui ne l'empêche pas d'être plus mal faite, que celle d'un bon domestique ; l'œil du maître, seul, a la vertu de stimuler quelque peu sa paresse ; dès qu'il voit partir ce dernier, il ralentit sensiblement son travail ; on le voit fréquemment faire de longs repos ; et, lorsque le chef de l'exploitation, étonné de la lenteur de l'ouvrage, lui adresse à cet égard quelques observations, il s'excuse par de mauvais prétextes, ou bien ne se gêne pas pour répondre qu'il en fait toujours bien assez pour les gages qu'on lui alloue, ce qui met alors le maître dans la fâcheuse alternative ou de laisser passer cette insolence, ou bien de congédier de chez lui, avant d'avoir pu le remplacer, celui qui se l'est permise.

Soyez, au contraire, pourvu d'un bon serviteur ; l'ouvrage dont il sera chargé s'accomplira avec soin et sans relâche ; votre présence sera inutile pour augmenter la somme de son travail ; adroit et comprenant bien la besogne qu'on lui aura confiée, il l'exécutera avec toute la perfection et tout le discernement désirables ; si un cas imprévu se présente, il prendra sur lui l'initiative des mesures auxquelles il conviendra de s'arrêter, et cela presque toujours d'une manière très-judicieuse et à votre entière satisfaction ; aussi, dès que vous aurez pu apprécier ce domestique, vous vous en rapporterez entièrement à lui, et votre surveillance agricole se trouvera diminuée d'autant ; bien plus, dans la personne de cet homme intelligemment laborieux, vous aurez un auxiliaire très-utile pour la bonne administration de votre domaine.

N'épargnez donc rien pour vous procurer un semblable domestique ; soyez bon et humain pour lui, comme envers tous autres ; donnez-lui de temps en temps quelques gratifi- cations ; de cette manière, vous vous l'attacherez solide- ment ; il passera de longues années dans votre exploitation, vous retirerez un grand profit de ses services, et vous vous serez ainsi évité bien des embarras et bien des soucis.

ART. 6.

Sur les inconvénients du métayage ou bail à moitié fruits.

Ce mode de fermage, très-usité dans le midi, l'ouest et le centre de la France, est l'une des causes qui retardent le plus le développement des progrès de l'agriculture dans ces contrées, et les placent, sous ce rapport, si au-dessous des départements septentrionaux, où ce vicieux système de jouissance est à peu près inconnu.

C'est donc un devoir pour nous que de joindre nos efforts à ceux des hommes honorables et parfaitement compétents qui sont de notre avis sur ce point, pour arri- ver, sinon à supprimer totalement le colonage, car cela nous parait à peu près impossible, mais au moins à le restreindre considérablement.

Pour la généralité des propriétaires, le bail à moitié fruits d'un domaine est désavantageux, surtout à l'égard de ceux qui veulent accomplir des améliorations ; en effet, ils en sont positivement empêchés chaque jour par l'incurie, le mauvais vouloir, ou même par le refus formel que leur opposent leurs métayers. En vain ces propriétaires ont-ils cru devoir prendre toutes les précautions préservatives de ces fâcheuses circonstances, en faisant insérer dans le bail des clauses précises et rigoureuses ; en vain se sont-ils attachés à faire choix d'ouvriers, passant pour les plus laborieux et les meilleurs cultivateurs de la localité ; en vain cherchent-ils, par la persuasion et par des démonstrations opérées à leurs propres frais, à convaincre leurs colons et à les faire entrer dans la voie des bons principes agricoles, toutes ces tentatives viennent ordinairement se briser contre un esprit de routine invincible, ou contre l'impossibilité où se trouvent ces gens-là, en raison de leurs faibles ressources pécuniaires, de satisfaire à ce qui leur est demandé.

D'un autre côté, que de contestations entre les propriétaires et leurs métayers au sujet du partage des fruits et des comptes qu'ils ont à régler journellement entre eux ! C'est bien pis encore si on a affaire à des colons de mauvaise foi, chicaneurs ou manquant de mémoire ; alors, il faut sans cesse avoir avec eux des altercations et même des procès, et la gérance de la métairie devient ainsi une véritable galère d'où on voudrait bien sortir au plus tôt, mais cela est, par la force même des choses, rarement praticable.

Ajoutons que la plus active surveillance est presque toujours impuissante pour empêcher les déprédations de toutes sortes que commettent malheureusement beaucoup de métayers, qui ne paraissent nullement s'en faire un cas de conscience, encouragés qu'ils sont à marcher dans cette voie déplorable par les exemples nombreux qu'ils se donnent mutuellement. Ils n'en protestent pas moins très-énergiquement de leur honnêteté; et, comme ils sont ordinairement d'une très-grande adresse à dissimuler leurs méfaits, on est obligé de se contenter d'une pareille justification, faute de preuve positive établissant leur culpabilité.

Pour le propriétaire qui ne peut faire valoir par lui-même ou par de fidèles et intelligents préposés son exploitation rurale, le fermage en argent est donc infiniment préférable au métayage ; car les fermiers, généralement plus aisés et plus éclairés que les métayers, peuvent, mieux que ceux-ci, réaliser certaines améliorations. Ils payent de plus une redevance annuelle qui n'est pas variable comme les produits en nature. De là, pour le possesseur du sol, une grande simplification dans le mode de perception des revenus de son domaine, de là aussi, pour lui, beaucoup d'embarras de moins, et, conséquemment, une tranquillité d'esprit à laquelle vise nécessairement tout homme paisible.

ART. 7.

Sur les constructions rurales.

Généralement, les bâtiments qui servent à l'exploitation des métairies sont, au triple point de vue de la solidité, de la commodité et de l'hygiène, fort mal établis.

Beaucoup sont construits en torchis et couverts en paille ou en roseaux ; aussi se dégradent-ils promptement et sont-ils sujets à de fréquents incendies. Si on veut les entretenir en bon état, il en coûte beaucoup d'argent ; et si, craignant les sinistres, on a recours pour se tranquilliser sur ce point à des compagnies d'assurance, il faut alors se résoudre à payer des primes élevées. Il est donc d'une économie mal entendue d'édifier des constructions de cette nature.

D'autres bâtiments ruraux, bien que construits en pierres et couverts en tuiles, sont disposés de telle sorte qu'on ne peut que difficilement s'en servir, ou bien ils sont si mal aérés que la santé des hommes et celle des animaux qui les habitent en sont souvent atteintes de la manière la plus funeste.

Mais ce qui, surtout, a lieu d'étonner, c'est de voir des propriétaires, jouissant d'une belle fortune, non-seulement maintenir dans leurs domaines des constructions aussi vicieuses, mais encore en édifier de nouvelles, absolument suivant les mêmes principes. En vain, le bon sens et la raison élèvent-ils leurs voix à l'encontre d'un pareil système ; en vain, encore, ces propriétaires puisent-ils, dans la lecture d'excellents traités d'agronomie, les notions les plus vraies et les mieux démontrées ; en vain, toujours, des personnes parfaitement aptes en cette matière cherchent-elles à faire prévaloir leurs sages conseils, le jargon bavard, menteur et inintelligent d'un mauvais architecte campagnard, routinier de la pire espèce, l'emporte ordinairement sur toutes ces considérations.

En vérité, il y a lieu d'être surpris d'une pareille crédulité de la part d'hommes que leur position sociale, l'instruction qu'ils ont reçue et les lumières qui en découlent, devraient affranchir d'un joug aussi bizarre.

Joignons-nous donc aux agriculteurs sensés, pour critiquer énergiquement la manière d'agir des propriétaires dont nous venons de parler, et puissent ces derniers, devant ce concert de blâmes, repousser désormais les conseils absurdes qui leur font méconnaître si manifestement leurs propres intérêts.

Un sol bien pavé, des planchers d'une hauteur convenable, des ouvertures suffisantes, de bons murs en pierre, chaux et sable, des couvertures en tuiles ou en ardoises et une disposition bien appropriée des diverses parties des bâtiments, voilà, en définitive, à quoi ces propriétaires devraient s'arrêter, et ce qui constitue, en effet, le meilleur système de constructions rurales.

Que d'épidémies, d'épizooties, de typhomanies et, par conséquent, de pertes sensibles, seraient évitées, si une aussi sage pratique était adoptée dans toutes les campagnes !

ART. 8.

Des attelages champêtres.

Est-il, en agriculture, plus avantageux d'employer des chevaux que des bœufs ?

Voilà une question qui, jusqu'à présent, n'a point encore été entièrement tranchée.

Nous allons donc essayer, non pas de la résoudre, une pareille prétention serait assurément très-présomptueuse de notre part, mais du moins de l'élucider de telle sorte, que tout agriculteur puisse parfaitement apprécier les avantages et les désavantages de l'un et de l'autre mode, et opter, en conséquence, en toute connaissance de cause, pour celui qui lui semblera préférable.

Nous dirons, en faveur des chevaux, qu'ils craignent moins la chaleur et sont plus agiles que les bœufs, que dèslors ils conviennent mieux que ces derniers pour opérer les transports à longues distances, pour la rentrée des récoltes qui demandent toujours une grande célérité, pour les hersages, en ce que, par leur pas accéléré, ils accomplissent avec plus de perfection la pulvérisation du sol ; en un mot, pour toutes les opérations agricoles qui exigent une grande activité.

Toutes les qualités que nous venons d'énumérer sont fort essentielles, sans doute, mais doivent-elles suffire pour faire pencher la balance en faveur des chevaux?

Avant de pouvoir porter là-dessus un jugement quelconque, il nous semble indispensable de faire valoir les avantages que présentent les bœufs.

Ces animaux sont moins sujets aux maladies, aux accidents et aux morts subites, et ils coûtent moins de nourriture et d'entretien que les chevaux;

Ils tirent avec plus d'uniformité et conviennent mieux qu'eux dans les mauvais chemins;

Ils augmentent de valeur avec le temps, tandis qu'un cheval, arrivé à un certain âge, perd vite et considérablement de la sienne;

Si un accident quelconque les rend impropres au travail, on peut les engraisser et les vendre ainsi fort cher, tandis qu'en pareil cas on ne retire d'un cheval que sa peau;

Ils font plus de fumier que les chevaux;

Enfin, ils offrent le moyen de profiter d'herbages qui souvent, sans eux, seraient à peu près improductifs.

Le parallèle qui précède nous semble suffisant pour que chacun puisse, selon ses besoins particuliers et les exigences locales, se décider sciemment à adopter l'un ou l'autre mode d'attelage dont il s'agit.

Si on opte pour les bœufs, nous conseillons : 1° de les soumettre au ferrage, car on en obtient ainsi une bien plus grande quantité de travail ; 2° de les employer, sauf dans les jours les plus courts, en deux attelées, afin qu'ils aient le temps de terminer leur rumination ; 3° et de les choisir ni de trop petite, ni de trop forte taille, car, trop petits, ils n'ont pas assez de vigueur pour opérer un travail fructueux, trop grands, ils s'épuisent à se mouvoir.

Remarquons de plus que les bœufs, mis ensemble au joug, doivent être d'égale force, qu'autrement le plus faible ruinerait l'autre ; que ceux de ces animaux qui tirent au collier fatiguent moins qu'avec le joug, mais que ce dernier genre d'attelage est plus économique que l'autre, ce qui suffit, peut-être à tort, pour le faire généralement préférer ; enfin que les bœufs bas sur jambes sont les meilleurs pour le labour.

Les vaches aussi sont très-propres au travail, si on en possède en nombre tel qu'on ait la possibilité de les laisser reposer la moitié du jour. En s'en servant ainsi et en ayant soin de bien les nourrir, leur santé ne souffre aucunement et on ne diminue presque pas leur quantité habituelle de lait.

Comme elles sont plus agiles que les bœufs, il convient d'en atteler devant eux, afin d'accélérer la marche de ceux-ci.

Il est incontestablement fort avantageux pour les cultivateurs d'avoir des vaches habituées au travail pour les moments où ils sont obligés de précipiter leurs labours et leurs emblavures.

Nous ne saurions donc trop leur recommander de se mettre en mesure d'employer, autant que possible, d'aussi utiles auxiliaires de leurs rudes travaux.

ART. 9.

De l'utilité, la confection et l'entretien des chemins en agriculture.

Si quelques agriculteurs intelligents, comprenant combien sont utiles de bons chemins pour l'exploitation d'une ferme, apportent beaucoup de soins à les rendre tels, on en voit malheureusement un bien plus grand nombre qui ne paraissent pas se préoccuper le moins du monde du mauvais état des voies de communication des propriétés qu'ils cultivent, bien que, souvent, ils aient sous la main tous les matériaux nécessaires pour les réparer convenablement.

En vérité, une semblable apathie est déplorable, et on ne saurait trop la reprocher à ceux qui s'en rendent coupables, et leur démontrer le préjudice qu'elle leur cause, afin de les amener à une appréciation mieux entendue de leurs véritables intérêts.

Il est facile, en effet, de comprendre que, sur des

chemins bien tenus, on peut exécuter des transports à bien moindres frais que s'ils étaient en mauvais état.

Ce qui, en général, empêche les chemins d'être viables, c'est le désaccord des parties intéressées à cet égard : les unes ne veulent absolument contribuer en rien à leurs réparations, les autres y seraient bien disposées ; mais elles se refusent à en supporter exclusivement les charges. Il en résulte qu'une multitude de chemins deviennent ainsi impraticables. On doit regretter que les agriculteurs, qui sont appelés à profiter du bon état de certains chemins et qui proposent de payer leur quote-part des dépenses qu'entraînerait cet objet, reculent devant la mauvaise volonté de ceux qui en repoussent toute participation ; car ils auraient certainement plus de profit de payer seuls toutes les dépenses de construction et d'entretien de ces chemins, que de les laisser à l'état de fondrières.

Les meilleurs matériaux à employer pour la confection et les réparations des chemins sont les cailloux et les pierres ; ceci est une vérité bien connue ; mais presque toujours on ne fait pas un usage judicieux de ces matériaux ; on les jette pêle-mêle, sans se donner la peine de les égaliser et de briser les pierres d'un trop gros volume ; ce qui serait cependant indispensable pour constituer de bons chemins.

Dans un but d'économie mal raisonné, on établit presque toujours des chemins qui n'ont point assez de largeur, ce qui en occasionne une rapide dégradation ; car les roues des voitures, passant constamment sur les mêmes points, ne tardent pas à produire de profondes ornières qui servent de réceptacle aux eaux et à la boue. On devrait au moins combler ces ornières à mesure qu'elles se forment; toute négligence à ce sujet a des suites fort dispendieuses.

Les chemins doivent être légèrement bombés. Pour les établir, il faut s'y prendre à deux fois ; quand la première couche a été bien tassée, on place dessus la seconde ; et le tout, qui doit avoir une épaisseur d'au moins vingt centimètres, ne tarde pas à se lier ensemble et à former une masse très-solide.

Autant que possible, les chemins doivent être bordés de fossés de profondeur suffisante pour recevoir les eaux et en faciliter le prompt écoulement.

Le meilleur moment de confectionner et d'entretenir les chemins, c'est lorsque le terrain est bien sec ; car, alors, il faut beaucoup moins de pierres que quand il est détrempé, et les travaux sont aussi beaucoup plus faciles à exécuter.

On doit donc profiter de ce moment pour cet objet, à moins que l'on en soit empêché par des occupations plus urgentes.

Du reste, pour un agriculteur qui comprend bien son utile profession, jamais ses attelages ne sont inoccupés s'il a des chemins à faire ou à réparer.

Rarement, par leurs baux, les fermiers sont chargés de construire et d'entretenir les chemins de la propriété qu'ils exploitent; c'est là un grand tort de la part des propriétaires : ces derniers n'apprécient pas assez la plus-value que leurs domaines acquerraient si la viabilité y était facile. Ils devraient, selon nous, accorder à leurs fermiers une prime par chaque mètre de chemin bien établi ou réparé ; mais ce mode d'émulation n'est, bien à tort, guère pratiqué.

ART. 10.

Des clôtures champêtres.

Beaucoup d'agriculteurs diffèrent entre eux d'opinion sur la question de savoir si les haies sont plus nuisibles que profitables aux héritages où elles sont implantées.

Les partisans de l'exclusion des haies font valoir à l'appui de leur système :

Que le terrain qu'elles occupent est par cela même soustrait à la culture ;

Qu'elles maintiennent trop long-temps l'humidité ;

Qu'elles sont cause de la formation de monceaux de neige qui, ne fondant que difficilement, retardent les labours ;

Qu'elles servent d'asiles à beaucoup d'animaux nuisibles ainsi qu'aux mauvaises herbes, et qu'elles perpétuent celles-ci dans une grande étendue ;

Qu'elles rendent les labours plus incommodes et conséquemment plus dispendieux ;

Qu'elles entravent les communications ,

Et que leur entretien est très-coûteux.

Les adversaires de ce système lui opposent :

Que les haies, amortissant l'action des vents, rendent leur souffle moins dangereux pour les plantes qui existent dans le sol ;

Qu'il est plus facile de garder le bétail dans des héritages clos que dans ceux dépourvus de clôture , et qu'à l'ombre des haies, il trouve un repos salutaire ;

Que si les haies enlèvent du terrain à la culture, elles produisent du bois qui compense et au-delà ce préjudice ;

Que l'humidité résultant des haies, loin de nuire aux plantes, en favorise au contraire la végétation ;

Et que, quant au mauvaises herbes , il ne s'agit, pour en paralyser l'effet, que de les détruire à mesure qu'elles se montrent.

Comme on le voit, les opinions que nous venons de rappeler sont loin d'être d'accord sur le point qui nous occupe.

Mais ici, comme en toutes choses, pour apprécier avec justesse la question, il faut faire la part des circonstances et se placer au point de vue de chaque opinion :

Ainsi, il est bien vrai que l'humidité produite par les haies est nuisible, lorsqu'elles se trouvent dans des champs qui s'essuient avec lenteur ; mais il en est autrement dans les terres sablonneuses et dans les endroits secs où, au contraire, cette humidité est très-avantageuse aux produits du sol.

Il est également vrai que, dans un terrain qui est constamment en culture, la commodité que présentent les haies ne compense pas la gêne qu'elles apportent à l'exploitation ; mais si on applique des héritages au pâturage du bétail, les haies y deviennent utiles, en ce qu'elles facilitent la garde des animaux ;

Il est encore vrai que les haies sont nécessaires dans des terrains qu'on destine à des produits horticulturaux, en ce que, effectivement, elles servent d'abri à ces produits et hâtent leur maturité ; mais il importe peu qu'une récolte de céréales mûrisse quelques jours plus tôt, pourvu qu'elle donne un bon rendement ; or, il est démontré qu'un abri a pour résultat de diminuer la quantité du grain ;

Il est toujours vrai que les haies sont fort utiles sur le bord des chemins et des routes pour préserver les champs voisins de l'atteinte des bestiaux ;

Enfin, on peut encore raisonnablement soutenir que les haies sont avantageuses dans les pays peu boisés ; mais, sauf les distinctions ci-dessus faites, c'est le contraire qu'il faut décider dans les localités où le combustible est abondant.

ART. 11.

De la création des haies vives et des soins qu'elles comportent.

Lorsqu'on veut établir une haie vive, on ne se préoccupe point assez de la méthode la plus convenable à employer à cet effet. De là, souvent, un défaut de réussite qui fait regretter, mais trop tardivement, d'avoir été si apathique.

Cela dit, examinons comment doit s'y prendre tout cultivateur qui tient à se procurer une haie réunissant toutes les conditions désirables d'un bon service et d'une longue durée.

Les haies d'aubépine nous paraissent celles auxquelles on doit s'en tenir d'une manière exclusive; car elles subsistent pendant un grand nombre d'années, sont très-touffues, ne projettent presque point d'accrues et offrent un gracieux coup d'œil, si on leur donne les quelques soins qu'elles exigent.

On peut arriver à leur formation, soit par la voie des semis, soit par celle de la plantation; cette dernière, étant beaucoup plus rapide que l'autre, nous semble seule devoir être suivie.

D'après les expériences que nous en avons faites, d'accord

en cela avec celles d'autres praticiens, il nous a été démontré positivement que le plant d'aubépine, tiré des pépinières, est de beaucoup supérieur à celui originaire des bois ; car il prend bien plus facilement et croît avec plus de vigueur que lui. Il ne faut donc pas hésiter à donner la préférence au plant de pépinière.

Ce plant doit avoir deux ou trois ans et être pourvu de tout son pivot. Pour l'enfouir, on pratique une petite fosse de la profondeur de ses plus longues racines. On le dispose à la distance de dix ou douze centimètres l'un de l'autre sur deux rangs, et de manière à ce que ceux d'un rang soient en face du milieu de l'intervalle des plants de l'autre rang. Il faut s'attacher à ce que les racines soient bien étendues et que la terre qui les recouvre soit parfaitement pulvérisée.

Dès que la plantation est terminée, on doit couper chaque pied à dix ou douze centimètres de terre.

Afin de garantir la haie de l'atteinte des bestiaux, il est prudent de l'établir sur la berge d'un fossé ou de la revêtir d'échalas.

Quant à l'époque à laquelle doit s'accomplir cette plantation, nous avons reconnu que la plus convenable était celle qui précède d'une quinzaine de jours le printemps, et nous conseillons de n'en pas choisir d'autres.

Une condition essentielle de la prospérité des jeunes haies, c'est de les biner au moins deux fois chaque année.

De plus, au bout de deux ans, on doit les couper à la hauteur de quinze ou dix-huit centimètres, et, pendant chacune des années suivantes, augmenter cette hauteur dans la même proportion, jusqu'à ce qu'on soit arrivé au point voulu. De cette façon, la haie se garnit parfaitement et devient très-vigoureuse. Il ne reste plus alors qu'à la tailler tous les ans dans l'hiver ou entre les deux sèves.

CHAPITRE II.

SOMMAIRE.

ART. 1er.

De la nécessité d'encourager les agriculteurs, de protéger l'agriculture, et des moyens les plus efficaces d'arriver à ces résultats.

L'industrie dont la nation retire le plus de profit est celle de l'agriculteur.

Un pays dont le sol est mal cultivé est rarement prospère.

Ces deux maximes sont d'une grande vérité et d'une haute portée politique ; aussi voit-on, maintenant surtout, beaucoup de chefs de gouvernements se faire agriculteurs.

Il n'est pas jusqu'à l'empereur de la Chine lui-même

qui, pour prouver son estime pour l'agriculture, trace annuellement un sillon.

Certes, on ne peut qu'approuver hautement d'aussi sages démonstrations; mais il serait à désirer qu'elles fussent accompagnées de preuves encore plus frappantes de la sollicitude des gouvernements pour les agriculteurs.

Ainsi, pourquoi ne pas instituer en plus grand nombre des récompenses honorifiques et pécuniaires pour les agriculteurs comme moyen de les stimuler? Pourquoi ne pas distribuer plus souvent des médailles et des croix à ceux qui consacrent leur temps, leur intelligence et leur fortune à la propagation théorique et pratique des bonnes méthodes agricoles?

Tout cela serait assurément équitable et d'excellente économiepolitique, car l'agriculteur qui se verrait ainsi encouragé et soutenu travaillerait avec confiance et redoublement de zèle, d'activité et d'énergie dans ses opérations rurales; dès-lors, il produirait beaucoup et bien, et, tout en retirant personnellement de grands profits de son intelligent labeur, il serait d'une grande utilité à son pays.

Malheureusement, même dans l'hypothèse de ces encouragements, beaucoup d'agriculteurs, quel que soit d'ailleurs leur vif désir de réussir, n'ont pas, dans l'état actuel des choses, l'instruction et les capitaux nécessaires pour obtenir les succès désirables.

Quant à l'instruction, elle se répandrait chez les agriculteurs plus vite qu'on ne le pense généralement, si on leur en facilitait les moyens ou s'ils y apercevaient celui à peu près certain d'arriver à une fortune honorable.

En ce qui concerne le numéraire, il ne leur ferait pas défaut, si les capitalistes les voyaient efficacement protégés par l'action gouvernementale.

Ainsi favorisée et soutenue, l'agriculture deviendrait bientôt florissante, les bras, trop rares dans les campagnes, ne tarderaient pas d'y abonder, et la richesse nationale s'en accroîtrait dans de larges proportions.

Multiplier aussi les établissements agricoles serait un grand bienfait public, car l'agriculture étant à la fois un art et une science, c'est dans ces sortes d'institutions bien dirigées qu'on peut acquérir vite les bons principes d'agriculture, en apprenant en même temps à les mettre en application.

On ne saurait trop se pénétrer, en effet, que la théorie agricole sans la pratique est insuffisante pour guider l'agriculteur, et que la pratique dénuée de la théorie est une lanterne sans lumière ; que toutes deux doivent donc marcher de front, et qu'on ne saurait jamais être un parfait agriculteur, si l'on n'est à la fois agronome et praticien.

On a cherché, dans ces derniers temps, à procurer aux agriculteurs la possibilité de parer aux exigences financières sous le poids desquelles sont accablés malheureusement beaucoup d'entre eux ; mais, il faut bien en convenir, on n'est parvenu que très-imparfaitement au but qu'on se proposait; car le mal qui existait sous ce rapport est loin d'être guéri.

Ainsi, deux lois dont on espérait de très-bons effets pour l'agriculture ont été promulguées : celle sur le crédit foncier et celle relative au drainage; mais l'utilité que les agriculteurs ont jusqu'à ce jour retirée de ces lois est à peu près nulle.

Cependant, elles sont excellentes en principe, et elles ont été faites évidemment dans le but de favoriser l'agriculture. D'où vient donc qu'elles ne produisent point les résultats que s'en est proposé le législateur? Nous essayerons d'en déduire les raisons dans l'article suivant.

Les capitaux affluent vers les spéculations industrielles, les achats d'action, l'agiotage et les jeux de bourse. Ce mode de placement de fonds est la fièvre de l'époque; mais pour la propriété foncière et pour les agriculteurs, il n'y a plus d'argent. Les obligations hypothécaires, jadis si faciles à réaliser, comme présentant, en effet, toute sécurité aux prêteurs, sont maintenant des mythes dans beaucoup de localités. Tel agriculteur, qui a de bonnes propriétés bien liquides ou dont les champs sont garnis de belles récoltes et les greniers remplis de grains, ne peut trouver à emprunter la plus mince somme sur ces objets. S'il veut absolument qu'ils lui servent à se procurer de l'argent, il n'a qu'un moyen, c'est d'en vendre une partie, quelque infime que soit le prix qui lui en est offert.

Un pareil état de choses constitue évidemment une plaie sociale, dont la cicatrisation, selon nous, serait prompte, si la législation se mettait en harmonie avec les souffrances des agriculteurs.

Ne pourrait-on pas, par exemple, leur accorder plus de confiance en ne procédant point, à leur égard, par voie de formalités longues et dispendieuses, et en se contentant, vis-à-vis d'eux, pour la garantie de leurs engagements, de l'affectation de partie de leurs produits agricoles, sous la sanction de peines sévères, qui retiendraient dans la bonne voie le petit nombre de ceux d'entre eux qui auraient la pensée de s'en écarter? Et, au surplus, en admettant que, malgré ces précautions, il se trouvât quelques hommes assez pervers pour transgresser leur devoir, une aussi fâcheuse circonstance, qui, d'ailleurs, ne pourrait se produire que rarement, n'empêcherait point qu'un grand bien public ne résultât de la mesure que nous venons d'indiquer.

Faisons donc des vœux pour qu'elle se réalise prochainement.

ART. 2.

Des avantages qui résulteraient pour les agriculteurs d'une réorganisation rationnelle du crédit foncier.

Le législateur, en fondant le crédit foncier tel qu'il existe aujourd'hui, a, sans doute, été mû par une grande sollicitude pour les propriétaires du sol ; mais, malheureusement, il n'a point atteint son but ; cela est maintenant de la plus grande évidence.

A quoi donc attribuer cet échec ?

La réponse à cette question se puise, selon nous, dans les considérations suivantes :

La loi qui règle cette institution ne se préoccupe point assez de son côté pratique ; de là une difficulté extrême dans l'application de cette loi ; de là aussi, conséquemment, le petit nombre de personnes qui jusqu'ici ont pu en profiter.

Bien que les mesures de prudence, surtout en matière de prêt, ne puissent qu'être approuvées, cependant, quand elles sont poussées jusqu'à l'excès, loin alors de produire les effets salutaires qu'on s'en était proposé, elles deviennent, au contraire, des entraves qui paralysent les opérations auxquelles on les applique, et, par cela même, elles sont plus nuisibles que profitables.

Ainsi, c'est bien quelque peu en raison des nombreuses, longues et dispendieuses formalités édictées par la législation sur le crédit foncier, que cette précieuse institution n'a pas acquis tout le développement qu'on en espérait.

Il conviendrait donc d'abord, surtout à l'égard des petits propriétaires, de supprimer, dans des limites raisonnables, une partie de ces formalités. L'examen de celles qui devraient être élaguées nous ferait sortir de notre cadre, aussi n'avons-nous pas à nous en occuper.

Ensuite, au lieu d'attribuer à une compagnie particulière le monopole de l'institution, il faudrait que le gouvernement se le réservât exclusivement.

Ajoutons que les lettres de gage, représentatives des obligations hypothécaires souscrites par les emprunteurs, devraient avoir cours forcé; car, sans cette dernière condition, il n'y a pas de réussite complète possible.

En vain, objecterait-on qu'une semblable mesure assimilerait ces lettres de gage aux anciens assignats, de triste mémoire, et voudrait-on s'en étayer pour repousser le cours forcé, un pareil argument tomberait devant cette simple réflexion que les assignats n'avaient pas d'autres garanties que celle puisée dans l'espoir de la stabilité du gouvernement de cette époque, et de la fidèle exécution de ses promesses; que, dès-lors, ils n'offraient qu'une sécurité problématique; mais qu'il ne saurait en être de même, aujourd'hui, des valeurs auxquelles seraient affectés spécialement des immeubles suffisants pour en assurer le payement; que ces valeurs seraient même préférables aux obligations hypothécaires ordinaires, puisque, de plus qu'elles, elles auraient la caution solidaire du gouvernement.

Certes, et à bon droit, personne ne songe à contester la solidité de la Banque de France, et, cependant, son crédit ne repose que sur sa bonne administration et sur le dépôt, dans ses caves, d'une plus ou moins grande quantité de numéraire, dont la disparition n'est pas impossible ; tandis que des lettres de gage, comme celles que nous entendons, sont la représentation du sol qui est immuable, et que, de plus, elles ont pour elle la garantie gouvernementale.

Maintenant que nous croyons avoir démontré suffisamment : 1° la différence bien caractérisée entre les assignats républicains et les titres dont nous sollicitons la création ; 2° la parfaite sécurité qu'offriraient ces titres ; examinons la question sous le rapport du mode d'application et des avantages qui résulteraient pour l'État et les particuliers, notamment les propriétaires fonciers, de l'adoption de notre système :

En échange des obligations hypothécaires qui lui seraient souscrites directement, mais néanmoins après l'accomplissement des formalités requises et qui seraient aussi simples que possible, l'État remettrait aux emprunteurs des lettres de gage pour une somme égale au montant de ces obligations. Ces lettres de gage pourraient être fractionnées, de telle sorte qu'il n'en existât pas au-dessous de cinquante francs, ni au-dessus de mille francs. Chacune d'elles aurait une date et un numéro d'ordre correspondant au titre hypothécaire dont elle serait la représentation partielle.

Les sommes empruntées seraient remboursables par dixième, d'année en année, à compter de l'expiration des quinze premières, et elles produiraient des intérêts sur le pied de quatre pour cent par an seulement, payables trimestriellement.

Les débiteurs auraient la faculté de se libérer par anticipation ; mais, dans ce cas, les titres hypothécaires par eux consentis continueraient de produire leur effet à l'égard des tiers porteurs des lettres de gage, qui s'y appliqueraient de la même manière et pendant la même durée que s'il n'y avait pas eu remboursement anticipé.

Tout porteur d'une lettre de gage, qui n'en aurait point réclamé le montant au trésor public dans l'année qui suivrait l'époque d'exigibilité de la fraction d'emprunt qu'elle représenterait, perdrait son recours contre le souscripteur de l'obligation et sur les immeubles affectés ; mais il conserverait toujours, bien entendu, le droit de s'en faire payer par l'État.

Par cette sage combinaison, les emprunteurs qui auraient remboursé leurs annuités aux échéances ne tarderaient pas à être affranchis du recours des tiers porteurs, recours qui, d'ailleurs, ne se trouverait comprendre qu'une annuité, et ne pourrait s'exercer que dans le cas où, par impossible, le gouvernement cesserait de remplir ses engagements, et, de plus, les détenteurs de lettres de gage, avertis par les indications qui en ressortiraient, ne s'en prendraient qu'à leur négligence de la diminution de leurs sûretés.

Il est facile maintenant d'apprécier les avantages considérables que l'État et les particuliers retireraient d'un crédit foncier organisé sur les bases que nous venons d'indiquer.

Ainsi, dans l'hypothèse probable où les prêts s'élèveraient à deux milliards, le gouvernement en obtiendrait annuellement, sous la simple déduction des frais d'administration, la somme énorme de quatre-vingts millions !

De leur côté, les propriétaires fonciers, pouvant se procurer des fonds à quatre pour cent, ne craindraient plus, et auraient, d'ailleurs, le moyen de se livrer à des améliorations agricoles dont ils obtiendraient de grands profits ; et, tout en s'enrichissant, augmenteraient, dans de larges proportions, le bien-être national ; car il est d'une vérité incontestable que les produits de l'agriculture sont la source de la prospérité de toutes les autres branches.

ART. 3.

De la consommation alimentaire.

Plus on consomme de denrées alimentaires dans un pays, plus sa prospérité s'en accroît ; car les cultivateurs, trouvant un écoulement facile de leurs produits et une rémunération suffisante de leurs travaux, y donnent une extension proportionnelle, et, par cela même, occupent beaucoup de bras et font entrer dans la circulation un numéraire abondant ; signe certain du bien-être général des populations.

Il est, d'ailleurs, positivement démontré qu'une bonne alimentation contribue puissamment à rendre les générations plus robustes.

C'est donc un devoir pour les économistes et les philanthropes de chercher les moyens d'augmenter la consommation des aliments. Puissent leurs efforts combinés, sur ce point, être couronnés de succès. C'est alors qu'il nous sera permis de voir se réaliser le vœu que formait le roi Henri IV, que les plus pauvres des habitants de la France eussent, dans leur ménage, le pot au feu au moins une fois la semaine.

Des statisticiens ont établi que le sixième environ de nos compatriotes ne mange ni seigle ni froment, et qu'un tiers d'entre eux à peine fait usage de viande de boucherie. Si ces pauvres gens étaient appelés à participer, même dans des limites fort restreintes, à la consommation de ces objets, outre que leur santé s'en fortifierait remarquablement, il en résulterait de grands bienfaits pour l'agriculture, et conséquemment aussi pour les branches industrielles et commerciales qui, comme tout le monde le sait, se lient d'une manière intime aux productions agricoles.

Il est, du reste, évident que, pour que la consommation augmente, le désir seul d'entrer dans cette voie ne suffit pas, et qu'il faut encore la possibilité de le satisfaire ; c'est donc à démontrer les avantages d'une bonne alimentation, et à procurer des salaires en rapport avec elle, qu'on doit principalement s'attacher.

Il n'y a que les agriculteurs inhabiles qui regrettent les prix élevés qu'ils se voient dans le cas d'attribuer à leurs ouvriers ; car, presque toujours, la consommation tient largement compte à la production de ce genre d'avance.

Enfin, c'est par le développement de l'intelligence, et, par conséquent, par l'instruction, qu'on parviendra à inculquer chez les travailleurs agricoles les vérités que nous avons exposées plus haut à leur égard, si, d'ailleurs, en même temps, on s'efforce de leur inspirer le goût et l'estime des travaux champêtres, afin de les soustraire à la pensée d'aller habiter les villes où, par trop souvent, hélas! ils ne trouvent, au lieu de la fortune qu'ils y vont chercher, que déceptions et misères !

ART. 4.

Des banques agricoles.

Les ressources pécuniaires des agriculteurs français sont généralement au-dessous de leurs besoins. Beaucoup d'entre eux se rendent fermiers de domaines relativement trop importants. De là, pour ceux-ci, une gêne constante; de là aussi, les sacrifices ruineux qu'ils font pour se procurer de l'argent ; car, les nécessités du moment les étreignant de leurs serres inexorables, il faut qu'ils acquittent des fermages échus, qu'ils payent les gages de leurs domestiques, emblavent leurs terres et lèvent leurs récoltes, circonstances qui, toutes, n'admettent aucune temporisation.

Une position aussi fâcheuse pour les fermiers dont nous parlons cesserait de l'être si ces derniers, comprenant mieux leurs intérèts, se plaçaient à la tête d'entreprises agricoles en rapport avec leur état financier.

Mais, en présence d'une obstination qui semble innée en leurs personnes, et puisqu'il est avéré que tous les conseils qu'on leur a prodigués jusque alors n'ont point abouti et ne paraissent pas devoir aboutir, il faut bien en prendre son parti et, acceptant cet état de choses, se préoccuper des moyens de le rendre moins désastreux.

Or, selon nous, le meilleur de ces moyens serait la création, dans chaque canton, d'une banque spécialement destinée à venir en aide à l'agriculture, banque qui, à défàut de société particulière dûment autorisée, serait alimentée avec des fonds de l'Etat et régie par ses préposés.

Du reste, eu égard aux garanties infaillibles dont les prêts seraient environnés, ainsi que nous allons l'expliquer, il est probable, nous pouvons même dire certain, que ce ne serait que dans un très-petit nombre de localités que l'état aurait à se constituer partie agissante.

Essayons de développer notre système :

Tous les cultivateurs du canton, convoqués à jour fixe, choisiraient, à la pluralité des suffrages, vingt d'entre eux qui seraient chargés de former un tableau indicatif des noms des agriculteurs que leurs bons antécédents feraient juger dignes d'être membres de l'association qu'il s'agirait d'établir; ceux d'une inconduite, d'une paresse ou d'une incapacité notoires, en seraient nécessairement exclus. Cette association aurait pour but de procurer aux admis les sommes qu'une commission permanente, prise parmi les vingt membres précités, jugerait à propos de leur accorder pour les aider dans leur exploitation agricole. Tous les membres de l'association seraient solidaires, en sorte que l'intérêt même de ceux qui composeraient la commission deviendrait une garantie de la circonspection qu'ils devraient apporter dans leur mission. Sur un mandat signé des commissaires ou de leur fondé de pouvoirs, la banque cantonale verserait le montant de ce mandat à la personne à laquelle il aurait été délivré. Le prêt, au surplus, n'aurait lieu que pour trois mois, mais il pourrait être renouvelé du consentement de la commission.

Ainsi, en raison de cette solidarité de tous les cultivateurs honnêtes, laborieux et intelligents du canton, il n'existerait pas le plus petit risque pour la banque de subir la moindre perte. Certes, une semblable sûreté serait bien de nature à faire affluer les capitaux; ce ne serait donc, nous l'avons déjà dit plus haut, que par exception que le gouvernement interviendrait directement pour fournir l'argent nécessaire.

Il va sans dire que, pour l'importance des sommes prêtées, la commission prendrait en considération la moralité, l'intelligence, les habitudes laborieuses et les ressources des demandeurs. Comme dans le même canton tout le monde se connaît parfaitement, il serait à peu près impossible que des sinistres se produisissent, et, d'ailleurs, la répartition qui en serait faite sur tous les membres de l'association en rendrait l'effet presque insensible.

Il y aurait, après tout, un moyen bien simple de restreindre considérablement les conséquences de cette solidarité, ce serait de diviser les cultivateurs par catégories, toutes indépendantes les unes des autres, et qui pourraient se composer elles-mêmes sous la surveillance de la commission.

Si le système que nous venons d'exposer était appliqué, bien des producteurs agricoles ne seraient pas obligés souvent de vendre leurs denrées à vil prix, faute de pouvoir se procurer des fonds pour parer à des exigences pressantes, ni forcés de s'adresser à des usuriers pour lever leurs récoltes ou subvenir à des engagements aussi pressés, enfin ils n'éprouveraient plus ces refus humiliants que beaucoup d'entre eux redoutent tant, que, pour ne point s'y exposer, ils préfèrent subir de grands sacrifices.

A l'œuvre donc, cultivateurs de tous les points de la France ! à l'œuvre, hommes utiles, efforcez-vous d'obtenir les résultats auxquels nous vous convions et que nous serions si heureux de voir se produire; agissez, pétitionnez ; ne vous découragez point des obstacles qui pourraient vous être opposés; que toutes vos voix n'en forment qu'une seule pour solliciter sans relâche le gouvernement de vous doter d'établissements aussi avantageux que ceux que nous préconisons ici; et, Dieu aidant, vous arriverez à ce but, et ainsi vous vous soustrairez aux fourches caudines de l'usure !

ART. 5.

Des clauses essentielles au développement des progrès de l'agriculture à insérer dans les baux à ferme.

L'une des causes principales de la lenteur des progrès agricoles est évidemment l'esprit de routine qui préside à la rédaction des baux. Presque tous calqués les uns sur les autres, ces actes contiennent un grand nombre de clauses inutiles, banales ou contraire aux principes; mais ils se taisent, à peu près complètement, sur les nouvelles pratiques d'agriculture; en sorte que beaucoup de fermiers, continuant d'être livrés à eux-mêmes, se traînent à la remorque de leurs devanciers et restent ainsi dans l'ornière des méthodes vicieuses et improductives.

Un pareil état de choses portant une grave atteinte à l'intérêt général, il est du devoir des propriétaires de prendre les mesures nécessaires pour détruire ou, au moins, diminuer ce mal; en agissant ainsi, ils se trouveront à la fois rendre un grand service à la société et, par la force même des choses, augmenter considérablement leur avoir.

Ces mesures consisteraient tout simplement à introduire dans les baux certaines clauses, qui seraient stipulées rigoureusement obligatoires pour les fermiers, et les force-raient conséquemment à l'adoption des méthodes perfec-tionnées, qui les enrichiraient pour ainsi dire malgré eux, en même temps qu'elles accroîtraient de beaucoup la fortune des bailleurs.

Voici, selon nous, quelles seraient les clauses d'une aussi utile portée :

1° Prolongation de la durée des baux, de telle sorte que les fermiers pussent accomplir au moins trois rotations de culture ;

2° Division en assolements quinquennaux ;

3° Ordre de ces assolements ou fixation des rotations d'après les méthodes rationelles ;

4° Obligation par le preneur d'amender chaque année une partie des terres du domaine, principalement au moyen de l'addition de la chaux ;

5° Participation, dans de larges proportions, par le propriétaire, aux frais de ces amendements ;

6° Indication du nombre de mètres cubes de fumier à employer dans les terres qui seraient entrées dans l'assolement ;

7° Charge imposée au preneur de réparer chaque année une partie des chemins servant à l'exploitation de la ferme ;

8° Interdiction absolue pour le fermier de vendre des

pailles, foins naturels et artificiels, racines fourragères et tubercules ;

9° Augmentation annuelle du cheptel pendant la durée de la première rotation ;

10° Application, autant que possible, du système de la stabulation permanente ou de la nourriture du bétail à l'étable ;

11° Et obligation pour le preneur de laisser, à sa sortie, la propriété en bon état, sauf au bailleur à la lui livrer telle à l'entrée en jouissance, ou à lui tenir compte de somme suffisante à cet effet.

Mais il ne suffirait pas à un propriétaire qui voudrait obtenir un succès complet de faire insérer dans le bail les prescriptions que nous venons d'indiquer, il faudrait encore qu'il en surveillât ou fit surveiller avec soin l'exécution ponctuelle ; car beaucoup de fermiers, ne voyant que l'actualité, et n'ayant pas la patience d'attendre les bons effets des conditions à eux imposées, chercheraient journellement à s'y soustraire.

En général, les propriétaires demandent de leurs domaines des fermages trop élevés, sans, du reste, se préoccuper le moins du monde de l'impossibilité où cette exigence met les fermiers d'entrer dans la voie des améliorations. Ceci, on peut l'affirmer avec toute certitude, est un très-mauvais calcul ; car il en résulte qu'à l'expiration du bail, la propriété qu'il comprend est à peu près dans le même état que celui où elle se trouvait à l'époque où ce bail a commencé.

Ajoutons que beaucoup des fermiers, écrasés par l'énormité des charges qui les grèvent, ne pouvant plus s'acquitter de leurs engagements, trop onéreux, sont forcés de résilier leurs baux, et font ainsi perdre aux propriétaires des sommes importantes.

Ces fâcheux résultats que, malheureusement, nous avons eu souvent l'occasion d'observer, seraient certainement évités si les bailleurs, comprenant mieux leurs véritables intérêts, se décidaient à sacrifier un peu le présent à l'avenir.

Il faut toutefois le reconnaître, telle est la force de la routine, que les propriétaires intelligents qui prennent l'initiative des réformes agricoles, rencontrent, chez ceux qu'ils s'efforcent de convaincre, une résistance qu'ils ne vainquent pas toujours ; mais nous sommes persuadé que cette sorte de difficulté disparaîtra peu à peu, si les propagateurs des bonnes méthodes d'agriculture, ne se décourageant point, persistent dans la voie où ils sont entrés, et si, surtout, l'honorable corporation des notaires veut bien, comme elle en est sollicitée, leur prêter un concours efficace, en engageant les parties à laisser introduire, dans les baux authentiques qu'elles passent, des clauses en rapport avec les progrès de la science agricole.

CHAPITRE III.

ARTICLE UNIQUE.

Des assurances contre la mortalité du bétail.

Les épizooties, les enzooties et les autres affections auxquelles sont malheureusement sujettes les espèces chevalines, bovines, ovines et porcines, occasionnent souvent, aux propriétaires de ces animaux, des pertes toujours bien sensibles ; quelquefois même, ces fâcheux accidents ruinent complètement celui qu'ils frappent, où, tout au moins, le placent dans l'impossibilité de pouvoir se relever de long-temps de l'état de gêne qu'ils entraînent avec eux.

Se mettre à l'abri de ces rudes atteintes par un léger sacrifice serait donc sagement agir, et, certes, quiconque refuserait de profiter de ce moyen de conservation de ses intérêts, commettrait une grave imprudence, pour ne pas dire plus.

L'esprit d'association a créé bien des merveilles; son application aux assurances mutuelles, lorsqu'elle est soumise à certaines règles, produit surtout d'admirables résultats. Des avantages considérables ressortent de cette ingénieuse combinaison, qui répartit entre un grand nombre d'individus le sinistre qui a atteint l'un ou plusieurs d'entre eux. Ce sinistre devient ainsi presque insensible, et, par conséquent, les positions déplorables plus haut indiquées ne peuvent se produire.

C'est en l'année 1801 qu'a commencé l'application de ce système d'assurance. L'idée n'en est donc pas neuve; mais, jusqu'à présent, ce genre d'association, mal organisé, a fonctionné d'une manière essentiellement vicieuse et bien de nature, assurément, à éloigner les adhérents.

Ainsi, parce que, jusque alors, on a appliqué à trop de localités à la fois la même association, qu'on l'a environnée d'une infinité de restrictions, qu'on s'est servi d'agents incapables ou peu aptes à remplir convenablement leurs fonctions, bien qu'en nombre considérable, la juste appréciation des pertes éprouvées par les assurés est devenue difficile, la liquidation des indemnités s'est faite lentement, et les frais d'administration ont été énormes et ont grevé lourdement les sociétaires.

Il s'agirait donc de parer à tous ces inconvénients par la

création de sociétés mutuelles, avec des conditions et dans un cercle tels que l'administration en devînt aisée et peu coûteuse.

Nous avons cru devoir nous livrer, sur cet important sujet, à quelques méditations, et nous avons rédigé les statuts suivants, dont la mise à exécution serait, selon nous, très-praticable et infiniment utile.

« STATUTS DE L'ASSOCIATION :

» ART. 1er. — Il est fondé, pour le canton de *** seulement, une société purement civile, entre les soussignés et toute personne qui voudra y prendre part, et ayant pour objet d'assurer mutuellement, contre la mortalité, les animaux des espèces chevalines, bovines, ovines et porcines, appartenant ou qui appartiendraient aux assurés dans le susdit canton.

» ART. 2. — Toute personne qui voudra faire assurer ses animaux en déclarera l'espèce, le nombre et la valeur au secrétaire caissier de la société, qui inscrira immédiatement cette déclaration sur un registre spécial, coté et paraphé par M. le Juge de paix, ou par M. le Maire de ***.

» La déclaration de l'assuré sera signée par lui; s'il ne sait point signer, elle sera constatée par la présence et la signature de deux témoins résidant dans le canton. Il ne sera besoin d'aucune autre preuve pour établir l'assurance.

En cas de mort d'un ou de plusieurs des animaux qu'elle comprendra, l'assuré recevra les neuf dixièmes de leur valeur, au plus tard dans le mois suivant, d'après une estimation faite contradictoirement entre lui et le vétérinaire de la société; mais cette estimation ne pourra jamais être supérieure à la valeur déclarée par l'assuré. Si la maladie à laquelle aurait succombé l'animal était épizootique, enzootique ou charbonneuse, ce qui serait constaté par le vétérinaire précité, l'assuré, dans ·ce dernier cas, toucherait les dix-neuf vingtièmes de la valeur de l'animal précité.

» En cas de dissentiment entre le vétérinaire et l'assuré pour la susdite estimation, ils s'adjoindront un tiers expert, et les frais causés par cette adjonction seront supportés par la société, si l'estimation du tiers expert se rapproche davantage de celle de l'assuré que de celle du vétérinaire, et par l'assuré dans le cas contraire.

» L'assurance ne pourra point s'appliquer aux animaux malades au moment de la déclaration de l'assuré. En conséquence, si ce dernier y en avait compris qui vinssent à périr, il n'aurait droit à aucune indemnité, quand bien même il établirait que ces animaux étaient sains au moment de leur mort. La cotisation stipulée pour l'assurance de ces animaux n'en sera pas moins dans ce cas acquise à la société.

» A l'égard des affections survenues pendant l'assurance, si elles apparaissent au vétérinaire de la société être de telle nature qu'elles présentent des dangers de mort immédiate, et que cependant on puisse encore tirer parti de l'animal ainsi atteint, cet animal pourra être vendu par les soins dudit vétérinaire, et le prix de cette vente appartiendra à la société qui, bien entendu, devra payer à l'assuré l'indemnité ci-dessus fixée.

» Dans les vingt-quatre heures de la mort d'un animal compris en l'assurance, l'assuré devra, à peine de déchéance, en prévenir le vétérinaire de la société, qui avisera aux mesures à prendre dans la circonstance et en fera, sans tarder, connaître le résultat au secrétaire caissier.

» Les sinistres arrivés en voyage hors du canton de *** seront déclarés par l'assuré au juge de paix ou au maire de la localité. L'assuré lui demandera la nomination d'un vétérinaire, qui rédigera un procès-verbal contenant : 1° le signalement de l'animal sinistré et les causes qui ont occasionné sa mort ; 2° et sa valeur vénale au moment de cette dernière.

» Les frais qu'entraînera cette formalité seront supportés pour moitié par l'assuré, et pour l'autre moitié par la société, à moins que la perte de l'animal ne soit causée par la faute de l'assuré, auquel, dans ce cas, la société n'aura absolument rien à payer.

» Toute action en indemnité se prescrira par deux mois, à compter du jour du sinistre ou des dernières poursuites.

» ART. 3. — En cas d'augmentation ou de diminution de la quantité ou de la valeur des animaux assurés, déclaration en sera faite au secrétaire caissier dans la forme exprimée en l'article précédent.

». Pour la fixation des charges de l'assuré, l'augmentation et la diminution dont il vient d'être parlé partiront toujours savoir : la première du commencement du mois dans lequel elle sera déclarée, et la seconde de l'expiration du trimestre pendant lequel elle sera constatée.

» Aucune assurance ne pourra être consentie pour moins de trois mois. Si l'assuré ne renouvelle pas sa déclaration avant la huitaine qui précédera immédiatement l'expiration du temps pendant lequel aura été stipulée l'assurance, ses engagements continueront de subsister jusqu'à la fin du trimestre suivant, à la charge par lui de déclarer, également huit jours avant la fin de ce trimestre, qu'il n'entend plus faire partie de la société, sinon lesdits engagements auront encore leur effet, pour un trimestre, et ainsi de suite ; le tout sans préjudice des dispositions pénales dont il sera parlé en l'article subséquent.

» ART. 4. — Pour avoir droit à l'indemnité de mortalité, chaque sociétaire sera tenu :

» 1° De verser entre les mains du secrétaire caissier, au moment même de l'assurance, un demi pour cent du montant des valeurs assurées et de faire un semblable versement avant la huitaine qui précédera la fin de ce trimestre et les suivants pendant la durée de l'assurance, de manière, enfin, à ce qu'il y ait toujours un trimestre payé d'avance ;

» 2° Et de verser encore entre les mains, et à la première réquisition du même préposé, sa part contributive dans les appels de fonds qui auraient lieu, vis-à-vis de tous les sociétaires, en cas de sinistre et d'insuffisance du produit de ladite cotisation trimestrielle, sans que toutefois cette portion contributive puisse excéder un pour cent par an. Cette réquisition sera écrite ou verbale. Elle résultera de la simple mention qu'en fera le secrétaire caissier sur un registre spécial.

» Dans le cas, prévu en l'article précédent, d'augmentation de la quantité ou de la valeur des animaux assurés, la cotisation qui en résultera sera aussi payée d'avance, dans les mêmes termes et de la même manière que l'assurance primitive.

» Faute de l'exécution exacte, par un assuré, de l'une des charges qui viennent d'être énoncées, et sans qu'il soit besoin d'aucune mise en demeure, il perdra son droit à toute indemnité, sans préjudice des poursuites qui pourront être exercées contre lui par la société, à la diligence du préposé qu'elle désignera à cet effet pour obtenir le payement de ce dont l'assuré se trouverait alors débiteur envers la société. Néanmoins, l'assuré ainsi en retard, qui se libérera ensuite de ses engagements, recouvrera ses droits d'indemnité pour l'avenir dès l'instant de sa libération, tant qu'il remplira les conditions de son assurance.

» Il est formellement expliqué :

» 1° Que la mortalité résultant de mauvais traitements ou étant, évidemment, du fait de l'assuré, ne donnera lieu à aucune indemnité ;

» 2° Et que les animaux assurés par la société ne pourront jamais être compris en une assurance de même nature par une autre société, sous peine par l'assuré de perdre les cotisations par lui payées et ses droits à toute indemnité.

» ART. 5. — Dès qu'un animal porté en l'assurance sera malade, l'assuré, à peine de déchéance, devra en prévenir immédiatement le vétérinaire de la société, qui visitera de suite cet animal et prescrira toutes les mesures hygiéniques et thérapeutiques qu'il croira convenables. L'assuré devra se conformer exactement à ses prescriptions et administrer, selon les indications de ce vétérinaire, les médicaments ordonnés, lesquels seront, du reste, fournis aux frais de la société.

» ART. 6. — Les fonds qui existeront en caisse, le trente-un décembre de chaque année, seront répartis entre les assurés au marc le franc du montant, et eu égard aux époques de leurs assurances.

» Les assurés, depuis au moins six mois, qui voudront

alors cesser de faire partie de la société, n'auront droit qu'à la moitié du dividende qui leur sera applicable; mais ils pourront toucher de suite la somme à laquelle il s'élèvera; l'autre moitié profitera aux assurés restant et viendra en déduction, avec leurs propres dividendes, des versements trimestriels à eux prescrits sous le paragraphe premier de l'article deux des présents statuts.

» Tout assuré qui se retirerait de la société à une époque autre que celle sus-indiquée, ou dont l'assurance remonterait à moins de six mois, ne pourra rien réclamer dans ledit dividende.

» ART. 7. — Il y aura un conseil d'administration qui sera composé de cinq membres, nommés chaque année par l'assemblée générale des sociétaires. Ce conseil d'administration sera convoqué avant le quinze mars par les soins du secrétaire caissier.

» Les attributions de ce conseil seront :

» 1° D'examiner et d'apurer les comptes du secrétaire caissier et de lui donner décharge, s'il y a lieu ;

» 2° Et de modifier les présents statuts, d'après les indications fournies par l'expérience ou leurs propres lumières.

» Outre la réunion annuelle dont il vient d'être question, ce conseil d'administration pourra se réunir autant de fois que le président qu'il se sera nommé le jugera convenable et sur ses simples lettres.

» Art. 8. — Le secrétaire caissier et le vétérinaire de la société seront nommés par l'assemblée générale, qui fixera en même temps leur traitement; mais ils ne pourront être pris que parmi les assurés. Ils seront toujours rééligibles.

» Art. 9. — Les fonctions du secrétaire caissier consisteront :

» 1° Dans la rédaction des délibérations prises par l'assemblée générale ou le conseil d'administration ;

» 2° Dans la tenue des registres d'assurance et de comptabilité;

» 3° Dans le recouvrement des cotisations ;

» 4° Et dans les payements des indemnités et de toutes autres sommes ayant trait à des dépenses concernant ladite société.

» Toutefois, il ne pourra faire aucun de ces payements que sur un mandat du vétérinaire de la société approuvé par le président du conseil d'administration ou son délégué.

» Art. 10. — L'assemblée générale sera convoquée pour la première fois dès que les adhérents aux présents statuts seront au nombre de vingt, et que le montant total de leurs assurances s'élèvera à cent mille francs.

» Art. 11 et dernier. — M. le Juge de paix du canton de *** sera seul compétent pour juger toutes contestations qui pourraient s'élever au sujet de ladite société, notamment pour prononcer toutes condamnations des assurés en retard d'exécuter leurs engagements. Ses décisions seront en dernier ressort et ne pourront être, par conséquent, attaquées par voie d'appel ou autrement. »

———

Nous formons des vœux ardents pour que, parmi les propriétaires et fermiers qui liront les clauses statutaires qui précèdent, il s'en trouve qui, comprenant, comme nous, la grande utilité d'une association comme celle que nous proposons, prennent l'initiative de sa prompte réalisation.

CHAPITRE IV.

SOMMAIRE :

ART. 1er.

Des instruments ruraux en général.

Il arrive souvent que, dans beaucoup de métairies, les emblavures, l'enlèvement de leurs produits et les autres travaux champêtres sont retardés, au grand préjudice des exploitants, à cause de l'insuffisance ou du défaut d'appropriation des véhicules ou ustensiles de culture.

Pour éviter cet inconvénient, il est donc d'une bonne administration d'avoir à sa disposition toutes ces sortes d'objets en quantité nécessaire, sans être obligé de recourir à des voisins dont on éprouve fréquemment un refus ou qui ne les prêtent qu'avec répugnance. D'ailleurs, en supposant chez eux toute la bonne volonté possible, n'est-ce pas perdre un temps précieux que de le passer à aller chercher et reconduire les instruments empruntés ? Ajoutons que, quelquefois, les propriétaires de ces objets, imputant à ceux auxquels ils les ont confiés des bris qui ne sont nullement du fait de ces derniers, leur en font supporter les frais de réparation.

Toute ferme bien organisée doit donc être pourvue d'un matériel en rapport avec son importance.

La bonne exécution des instruments agricoles est un point fort essentiel : S'ils sont peu solides ou mal construits, il faut bien se garder de les accepter ; tant pis pour les fabricants s'ils n'ont pas mis plus de conscience ou d'habileté dans leur travail.

Chercher à économiser sur le prix de ces instruments est fort mal comprendre ses intérêts ; car, avant tout, on doit viser à en obtenir un service avantageux, but qui n'est pas atteint s'ils sont défectueux ou de peu de durée.

Un excellent moyen de prolonger leur conservation est de leur donner deux bonnes couches de peinture à l'huile ; on ne doit pas regarder à une aussi minime dépense, en présence des résultats satisfaisants qu'elle procure.

Si l'on peut disposer de hangars assez vastes pour abriter ces objets, lorsqu'on discontinue de s'en servir, on augmente encore, ainsi, leur existence.

Remarquons, de plus, que l'on gagne toujours à isoler les animaux pour le tirage des voitures, et, dès-lors, à en avoir de petites ; car il est péremptoirement démontré que deux chevaux attelés chacun à un tombereau ou à un chariot conduisent un poids au moins égal à celui que mènerait trois chevaux attelés à un seul véhicule de plus grande dimension. On peut encore ajouter, en faveur de ce système de division de forces, qu'il permet, en dédoublant les attelages, de franchir les pas difficiles sans être astreint à décharger les voitures comme cela a lieu dans le cas où tous les animaux sont employés à la même traction.

ART. 2.

Des avantages que procurent les machines à battre les grains.

Une découverte infiniment précieuse pour l'agriculture est celle des machines à battre les grains ; toutefois, pendant long-temps, ces machines n'ont été employées que par un très-petit nombre de personnes, et ce n'est que depuis peu d'années que beaucoup de cultivateurs, revenant de l'erreur qui leur avait fait rejeter obstinément un aussi utile instrument, se sont enfin décidés à s'en servir.

Cependant, comme il en est encore qui persistent, malgré les exemples qui leur sont donnés, à proscrire de leurs fermes les machines à battre, nous allons essayer de vaincre leur résistance en leur exposant les avantages considérables qui résultent de cette belle invention.

Par l'emploi de ces sortes de machines :

1° Il ne reste presque aucun grain dans les épis, et, d'après des observateurs compétents, l'excédant du rendement sur celui donné par le fléau est au moins d'un vingtième, soit cinq hectolitres sur cent ;

2° Si parmi les grains il en est qui sont attaqués par la carie, ils ne sortent point de l'épi, et, conséquemment, ne nuisent point aux autres grains exempts de cette maladie ;

3° Les infidélités des batteurs sont plus faciles à prévenir, et, d'ailleurs, le temps pendant lequel elles pourraient s'exercer est infiniment restreint ;

4° Les dangers d'incendie résultant des battages de nuit sont évités ;

5° Les dégâts occasionnés par les rats sont supprimés ;

6° On se procure, dans un court délai, le grain dont on a besoin, notamment pour la semence, et on se met à même de profiter de la hausse qui survient dans le cours des céréales ;

7° On économise notablement la main-d'œuvre ;

8° Et on trouve le moyen d'utiliser ses attelages dans les jours où les intempéries empêcheraient de les employer aux autres travaux de l'exploitation.

Certes, voilà bien des avantages, et aucun d'eux, assurément, ne saurait être l'objet d'une controverse sérieuse.

Quant à l'objection qui a été faite par quelques contra-
dicteurs, que l'usage de la machine à battre enlève du
travail aux ouvriers, elle tombe d'elle-même en présence de
cette simple réflexion, que le battage au fléau est très-malsain,
peu rétribué, et qu'il est, en définitive, facile à tout homme
laborieux de se procurer de l'ouvrage, même en hiver ; car
les bras, loin d'être trop abondants dans les campagnes, y
sont, au contraire, dans l'état actuel de la culture, tout à
fait insuffisants.

Enfin, ont dit les détracteurs des machines à battre,
ces instruments sont fort coûteux ; dès-lors ils exigent une
mise de fonds importante, et, au surplus, beaucoup
d'agriculteurs n'ont pas des ressources pécuniaires assez
étendues pour s'en procurer.

Nous répondrons à ceci, que maintenant on fabrique de
très-bonnes machines mobiles au prix de 5 ou 600 fr. ;
que cette somme ne constitue donc pas une forte avance,
et que, d'ailleurs, en louant la machine qu'on a acquise à
ceux dont les exploitations ne sont pas assez considérables
pour s'en munir en propriété, on ne tarde pas à rentrer
dans ses déboursés. Nous-même avons fait cette expérience,
et elle a été couronnée d'un succès tel que, dans la première
année, non-seulement nous avons récupéré nos avances,
mais qu'en outre nous avons bénéficié d'une somme au
moins égale.

Nous espérons qu'en présence des considérations et des

résultats que nous venons d'établir, ceux des critiques auxquels nous nous adressons et qui viendront à nous lire, s'empresseront de reconnaître l'incontestable utilité des machines à battre et se joindront à nous pour en préconiser l'emploi.

ART. 3.

De l'importance d'une bonne charrue.

De tous les instruments aratoires, la charrue est, sans contredit, le plus utile, et, par cela même, on ne doit pas reculer devant la dépense qu'entraîne l'achat d'une charrue bien conditionnée et fonctionnant convenablement, ou, autrement, il ne serait pas possible de faire fructueusement de l'agriculture, car ces précieux instruments en sont pour ainsi dire la clé.

Ainsi donc, il est bien certain que, sous ce rapport, vouloir économiser serait d'un très-mauvais calcul.

Dans le choix d'une charrue, il faut s'attacher à celle dont le labour a le plus d'analogie avec celui obtenu par la bêche; par elle, donc, la terre doit être profondément remuée, exactement retournée et très-unie.

L'imitation, dans la fabrication d'une charrue, paraît aisée; cependant, on est rarement satisfait sur ce point; le mieux serait de tirer ces instruments de fabriques spéciales qui ont la réputation de bien les confectionner.

Il existe un grand nombre d'espèces de charrues ; mais on peut les réduire à deux principales :

Celles à avant-train ;

Et celles qui en sont dépourvues.

Quelques agronomes prétendent que, dans tous les cas, ces dernières charrues doivent être employées de préférence aux autres. Cette proposition, selon nous, est trop absolue : Nous sommes loin, certes, de contester la supériorité des charrues sans avant-train sur leurs rivales ; bien au contraire, nous en conseillons généralement l'usage ; mais il est certains sols dans lesquels les charrues à roues peuvent seules exécuter un travail profitable. A cet égard, donc, les cultivateurs n'ont pas à être exclusifs, c'est-à-dire, ils doivent se servir alternativement des deux espèces de charrues, selon les diverses natures de terrains. Toutefois, il est bien positif que les charrues sans avant-train sont plus commodes, occasionnent beaucoup moins de dégât et font un labour plus profond que les charrues composées. Il ne faut donc employer ces dernières que lorsqu'il sera tout à fait constant qu'on ne pourra se servir de charrues simples, circonstance qui se produit seulement lorsque le terrain est très-tenace ou très-pierreux.

On voit, cependant, beaucoup de laboureurs qui, soit par la force de l'habitude, soit par mauvaise volonté, persistent à faire constamment usage de la charrue à roues ; si on a de semblables domestiques, on ne doit pas hésiter à les utiliser à des travaux d'une autre nature ou à les congédier.

Du reste, l'ouvrier qui n'a jamais labouré, s'il a quelque peu d'intelligence, apprend plutôt à se servir de la charrue simple que celui qui, toute sa vie, a manié la charrue munie d'un avant-train.

ART. 4.

Des herses et du hersage des terres arables.

La herse est l'un des plus utiles instruments agricoles ; elle est même, dans beaucoup de cas, d'une indispensabilité absolue. On est donc en droit de s'étonner que dans certaines contrées on se serve de herses si défectueuses que leur effet est presque nul.

Et, d'abord, nous demanderons aux cultivateurs qui persistent à donner la préférence aux herses à dents de bois sur celles à dents de fer, quels sont les motifs sur lesquels ils se fondent pour le maintien d'une aussi vicieuse pratique ? Ils nous répondront, sans doute, que les premières de ces herses sont moins coûteuses et fatiguent moins les animaux que les autres ; mais une semblable objection est évidemment mauvaise ; car, que se propose-t-on d'obtenir par l'emploi de la herse ? La pulvérisation et le régalement du sol. Donc, puisque c'est là le but, il faut marcher dans la voie qui y conduit, sans se préoccuper des considérations futiles que font valoir les partisans des herses à dents de bois.

Certes, nous ne prétendons pas aller aussi loin que quelques agronomes qui proscrivent, de la manière la plus absolue, cette dernière sorte de herse ; nous nous bornons seulement à soutenir qu'on ne doit s'en servir que dans un très-petit nombre de cas, par exemple : lorsqu'il s'agit d'enterrer des graines très-menues, dans un sol bien ameubli ou de nature sablonneuse.

Ensuite, nous voyons dans certaines métairies des herses qui, bien qu'à dents de fer, sont tellement mal conditionnées qu'elles ne remplissent leur objet que très-imparfaitement. Pourquoi donc les cultivateurs qui emploient ces herses ne donnent-ils pas plus d'attention à leur confection, et s'en rapportent-ils aveuglément à cet égard à des charrons et à des forgerons ignorants ? Une justification ne nous semble pas plus admissible dans ce cas que dans le précédent.

On peut varier les formes des herses, selon le but qu'on se propose : Il s'en voit de quadrangulaires et de triangulaires, en une ou plusieurs parties qui se détachent et se replacent à volonté, au moyen d'un mécanisme fort simple ; mais, quelle que soit l'espèce de herse qu'on adopte, il faut que ses dents soient espacées de manière à ce que la terre ne s'entasse pas entre elles, qu'elles soient à une distance égale les unes des autres, et que la raie faite par une dent ne se confonde pas avec celle d'une autre dent.

Un instrument qui ne réunit pas toutes ces conditions est nécessairement vicieux, et, dès-lors, fonctionne mal. C'est donc aux cultivateurs à veiller avec plus de soin à la confection de leurs herses, et à recommander aux ouvriers qu'ils en chargent d'observer strictement les indications que nous venons de rappeler, sous peine par ceux-ci de voir refuser leur ouvrage.

Il est clair que plus les dents des herses ont de longueur, plus l'effet qu'elles produisent sur le sol est sensible. Sur ce point chacun pourra donc se déterminer, selon les résultats qu'il voudra obtenir.

Pour opérer commodément le transport des herses dans les champs, on doit être muni d'un traîneau qui, d'ailleurs, peut servir à d'autres usages.

Nous remarquons que, dans beaucoup de fermes, les herses restent étendues sur le sol, sans qu'on prenne la peine de les mettre à couvert ou tout au moins de les redresser; cette négligence amène vite la décomposition du bois de la herse, et il faut ainsi le remplacer fréquemment. Il serait, cependant, bien facile de parer à cet inconvénient.

Des hersages opportuns pratiqués avec de bons instruments ameublissent ordinairement très-bien la terre et la rendent propre à recevoir les graines les plus fines; administrés au printemps sur une céréale, ils y produisent presque autant d'effet qu'un binage. Ils suffisent même, sur certains champs qui viennent de donner une récolte, pour y enterrer des semences de diverses espèces, telles que celle de trèfle incarnat, raves, navets, etc. ; enfin, ils servent à ramener à la surface du sol la graine des mauvaises herbes, et, après en avoir ainsi déterminé la végétation, ils en opèrent la destruction.

ART. 5.

Du roulage des terres.

Certains procédés agricoles, bien que d'une efficacité incontestable et parfaitement démontrée, ne sont, cependant, suivis que par très-peu de cultivateurs. Beaucoup, soit par apathie, soit par ignorance, ne semblent nullement s'en préoccuper. Leurs intérêts en souffrent évidemment. Aussi est-ce leur rendre service que de chercher à les faire entrer, sous ce rapport, dans la voie du progrès et des bonnes méthodes. A force de leur mettre un flambeau sous les yeux, la plupart, nous l'espérons et nous le désirons vivement, finiront par apercevoir la lumière et agiront en conséquence.

Au nombre des procédés dont nous parlons est celui qui consiste à faire passer sur les terres un rouleau, pour les affermir, les niveler et en briser les mottes.

Afin d'en obtenir tout l'effet qu'on s'en propose, cet instrument cylindrique doit être conditionné et appliqué selon les règles et d'après les principes suivants :

Il peut être en pierres, mais il nous semble préférable en

bois, il faut qu'il ait un diamètre de cinquante centimètres et une étendue qui ne devra pas excéder un mètre trente-trois centimètres. Plus long, son action serait moins sensible.

Il existe plusieurs manières de monter les rouleaux. Chaque cultivateur pourra faire usage de celle qui lui paraîtra la meilleure.

Toutefois, il nous semble avantageux de les munir d'un avant-train, auquel on adaptera un siége pour le conducteur, ce qui donnera plus de force à l'instrument et en rendra la conduite plus facile.

Si l'on se proposait exclusivement le bris des mottes, il faudrait employer un rouleau à six ou huit pans coupés ; on obtiendrait ainsi de meilleurs résultats qu'avec un instrument entièrement rond ; seulement le tirage serait plus fort.

Le rouleau purement cylindrique employé au printemps, par un temps sec, produit un grand effet sur les céréales, surtout celles qui se trouvent dans les terres enflées par l'action des gelées; il en rechausse les racines alors presque entièrement dénudées, et, en en préservant ainsi un grand nombre de la mort, il leur procure, de même qu'aux autres, une vigueur remarquable.

Dans toutes les natures de terres, le passage du rouleau maintient les principes d'humidité dont l'évaporation trop prompte compromet souvent le sort des récoltes. Il est, en outre, un puissant destructeur des limaces, vers et autres insectes, ou tout ou moins en diminue considérablement les dégâts.

Tels sont les effets d'un roulage bien approprié, que les produits de la partie qu'on y soumet dans un champ sont ordinairement supérieurs d'un tiers à ceux de la partie du même champ qui en a été privée, et dans laquelle on voit beaucoup de plantes se dessécher et périr, ce dont l'emploi du rouleau les aurait préservées.

Il y a, toutefois, des terres dans lesquelles il ne faut point se servir de cet ustensile sur les emblavures : ce sont celles dites blanches ou argileuses, dont la superficie, après une forte pluie, devient dure et forme ainsi une croûte qui étrangle les plantes. Lorsque les terres sont bien ameublies et n'ont pas à redouter l'inconvénient dont nous venons de parler, le rouleau est l'instrument le plus convenable pour enterrer les graines fines qu'on y a semées ; pressées contre le sol par l'action du roulage, leur germination s'accomplit très-promptement et leur végétation est d'une activité remarquable.

Pour bien ameublir les terres fortes, il n'y a rien de tel que l'usage du rouleau combiné avec celui de la herse. Au moyen de ces deux instruments employés alternativement, en temps opportun, on obtient la plus complète pulvérisation de ces terres et on les met ainsi à même de recevoir avec succès les graines les plus menues.

CHAPITRE V.

SOMMAIRE.

ART. 1er.

Des améliorations agricoles en général.

Avant de se décider à améliorer une propriété rurale, il faut mûrement réfléchir sur la manière dont on s'y prendra, quels procédés on appliquera, et, avant toutes choses, bien consulter ses facultés pécuniaires; car il arrive fréquemment que des propriétaires, bien que combinant parfaitement les améliorations qu'ils ont entreprises, se trouvent dans une grande gêne pour avoir voulu trop promptement les créer. Ajoutons que la somme que, d'abord, on y destine est toujours insuffisante, parce qu'on n'a pu tout prévoir et qu'une multitude de dépenses auxquelles, dès le principe, on n'avait nullement songé, viennent chaque jour s'alligner au débit du compte d'exploitation, et ne tardent pas à représenter un total effrayant. Il est vrai que si ces dépenses ont été faites à propos, elles augmentent considérablement le produit et la valeur du sol auquel on les a appliquées. Il s'agit donc, dans ce cas, d'avoir la bourse assez bien garnie pour attendre le résultat de ses avances.

Outre les capitaux nécessaires, il faut, pour améliorer en agriculture, de la science, de l'intelligence, de l'activité, de la fermeté de caractère, du goût pour les travaux champêtres, une grande persistance dans les idées et une économie bien entendue. Ce sont là les qualités constitutives du bon agriculteur-améliorateur.

Pouvoir surveiller les travaux par soi-même est surtout une condition fort essentielle de réussite; car c'est principalement dans ce cas que l'œil du maître est d'une indispensable nécessité. Se faire substituer pour ce soin par un préposé, quel qu'il soit, c'est, tout en augmentant la dépense, compromettre le succès de l'opération. Il faut donc, autant qu'on le peut, payer de sa personne.

Bien choisir les ouvriers qu'on emploie et en avoir

toujours à sa disposition un nombre suffisant, est d'une importance capitale pour la bonne exécution des travaux.

Se trouver dans la possibilité de se procurer à bon marché, de prime-abord, les fourrages et les pailles nécessaires pour nourrir copieusement le bétail et lui fournir d'abondantes litières, est aussi très-utile ; car c'est là le moyen le plus rationnel, et le plus économique en même temps, d'obtenir beaucoup d'excellents engrais et d'arriver ainsi promptement à la création de prairies naturelles et artificielles, dont les produits puissent suffire à l'exploitation.

Remarquons bien, d'ailleurs, que les fourrages et les pailles sont la base de toutes les améliorations agricoles ; que partant on doit toujours s'ingénier à en avoir le plus possible.

Les amendements calcaires, la chaux surtout, sont aussi de puissants améliorateurs.

Enfin, des granges et des hangars assez vastes pour abriter la généralité des récoltes et ustensiles de culture sont le complément obligé de toute amélioration agricole judicieuse.

ART. 2.

Des amendements du sol.

Beaucoup de personnes confondent les amendements avec les engrais ; cependant, il y a entre ces deux éléments améliorateurs des différences bien marquées.

En effet, l'amendement est l'introduction dans le sol de certaines matières propres, si elles sont en quantité suffisante, à en modifier la composition, de telle sorte que, d'infertile qu'il était auparavant, il devient, au contraire, très-productif; tandis que les engrais sont des substances qui, appliquées à la terre, n'en changent nullement la nature, mais lui procurent des principes nutritifs qui déterminent une active végétation.

Nous ne nous occuperons ici, du reste, que des amendements.

Les parties constitutives de la terre se composent principalement de silice, d'alumine ou de chaux. De là, les dénominations de terrains siliceux ou sablonneux, d'alumineux, d'argileux et de calcaire, selon que ces minéraux sont en plus ou moins grande proportion dans le sol.

Presque toujours ces substances élémentaires sont recouvertes, à leur superficie, par une couche provenant de la décomposition des végétaux et donnant naissance à l'humus, lequel, étant mélangé avec les parties auxquelles cette couche est superposée, forme la terre végétale.

Seul, chacun des éléments terrestres dont nous venons de parler ne pourrait servir à la végétation; il faut absolument, pour qu'ils soient productifs, que la mixtion entre eux et l'humus s'accomplisse.

Un terrain de bonne nature est celui où l'eau s'infiltre avec facilité, mais y reste, néanmoins, en quantité suffisante

pour procurer aux plantes le degré d'humidité convenable :
Tout moyen par lequel on peut obtenir ce résultat est un
amendement.

Les terrains siliceux veulent être labourés le moins possible ; car, étant déjà naturellement trop divisés, les fréquents labours ajoutent encore à cette division, et il en
résulte un appauvrissement réel et bien marqué du sol. Il
est nécessaire de s'attacher à donner à ces sortes de terrains
la cohésion qui leur manque ; on y parvient par l'addition
de l'argile sèche pulvérisée ou de la marne, ou encore
mieux de la chaux.

Quant aux terres argileuses, étant au contraire trop
compactes, il y a lieu de chercher à en opérer la division ;
on y arrive au moyen de nombreux labours, de l'adjonction
de sable, de matières provenant de démolitions ou de la
chaux, qui est, dans ce cas, l'amendement par excellence.

En ce qui concerne les terrains calcaires, le meilleur
amendement à leur appliquer est l'argile.

L'humus joue un grand rôle dans toutes les natures de
sol : il leur procure une grande force végétative ; cependant,
employé en trop grande quantité ou d'une formation
imparfaite, il devient nuisible et s'enfle souvent à tel point,
qu'il occasionne la dénudation des racines des plantes qui,
ainsi, se trouvent presque détachées de la terre et périssent
pour la plupart.

Toutefois, on a remarqué que les fonds humides, où

l'humus abonde à l'excès, peuvent être convertis en excellentes prairies, en y faisant les travaux d'assainissement nécessaires et en y répandant beaucoup de cendres.

Si, au contraire, le terrain était sec, on l'améliorerait en y incorporant des terres maigres, et, en outre, dans le cas où l'on voudrait en faire un pré, en l'irrigant le plus possible, de manière, toutefois, à ne pas y laisser séjourner les eaux.

Indépendamment des amendements, il est des substances qui produisent un grand effet sur la végétation, tels que le plâtre, le sel marin et le salpêtre; mais elles n'amendent le sol que par voie de conséquence, c'est-à-dire qu'appliquées à des récoltes améliorantes du sol, comme le trèfle, la luzerne et autres légumineuses, elles leur font acquérir tout le développement dont elles sont susceptibles, et augmentent, par ce moyen, dans la même proportion, l'effet améliorateur de ces récoltes sur le sol.

La chaux, la marne, les cendres sont des substances mixtes, en ce qu'en amendant les terres, elles stimulent en même temps la végétation.

Nous ne terminerons pas sans faire cette remarque importante que, pour que les amendements produisent des effets durables, il faut, par une culture souvent améliorante et par de copieuses fumures, restituer au sol les principes nutritifs qui lui ont été enlevés, et dont la disparition est d'autant plus prompte que l'effet des amendements a été plus marqué.

Que de mécomptes causés par l'inobservation de cette règle !

ART. 3.

Des diverses espèces d'engrais des terres et de leur application.

Outre les fumiers, il existe un grand nombre de matières dont on se sert pour engraisser les terres.

Nons allons seulement parler ici des plus usuelles et de leur mode d'emploi :

Les engrais verts consistent dans l'enfouissement de certaines plantes au moment de leur floraison, tels sont : le sarrazin, le lupin, le pois, la fève, la vesce, le maïs et toutes les légumineuses. Ces engrais ont le double effet d'ameublir le sol et de lui procurer de l'humus.

Les végétaux desséchés sont aussi employés comme engrais, soit après les avoir fait servir de litière, soit après avoir été suffisamment désorganisés. Les pailles, les feuilles de toutes sortes, la mousse et les mauvaises herbes, avant la maturité de leurs semences, constituent cette sorte d'engrais.

Les marcs de fruits, de drêches, d'olives, les tourteaux de colza, de lin, de noix, sont également des engrais. On s'en sert après les avoir pulvérisés et dans des proportions qui varient de 500 à 1,200 kilogrammes par hectare.

La tourbe peut s'employer comme engrais après avoir été transformée en terreau ; mais il est préférable de l'incinérer pour en répandre les cendres.

Les engrais animaux sont ceux qui ont la plus grande puissance comme effet et comme durée. Pour les répartir également et en obtenir le succès qu'ils comportent, il faut les hacher très-menus et en opérer préalablement le mélange avec de la terre bien sèche. Les os doivent être concassés ou mieux encore être réduits en poussière.

Les engrais liquides, tels que les urines des étables, les vidanges des latrines et autres fluides mélangés avec des substances organiques, s'emploient après avoir été suffisamment étendus d'eau ; on les applique au sol, soit au moyen de rigoles d'irrigation, soit en se servant de tonneaux disposés en conséquence.

Ce genre d'engrais convient surtout aux prairies.

La poudrette, substance composée de matières fécales desséchées et réduites en poudre, se répand à la quantité de vingt ou trente hectolitres par hectare ; mais son effet, d'abord bien marqué, est d'une courte durée.

Le noir animal non falsifié lui est très-préférable et s'emploie dans la proportion d'un tiers en moins.

Les excréments des oiseaux forment un riche engrais et d'une activité prodigieuse ; aussi ne doit-on en faire usage que par de petites quantités à la fois, et que lorsqu'ils ont été parfaitement desséchés et divisés.

Les vases, les boues des villes et les curures, sèches et mélangées avec un vingtième de chaux éteinte en poudre, sont également appliquées comme engrais dans la proportion de cinquante à cent hectolitres par hectare.

Enfin, il n'est pas jusqu'à la suie qui, répandue comme engrais à la quantité de trente à quarante hectolitres par hectare, ne procure de très-bons résultats. Elle sert, en outre, de préservatif contre les insectes destructeurs des plantes oléagineuses.

ART. 4.

Des dessèchements du sol.

Certains agriculteurs sont souvent étonnés du peu d'effet qu'ont produit sur quelques-uns de leurs champs les engrais et les amendements qu'ils y ont mis en grande abondance ; cependant, rien de plus naturel que ce résultat, si le terrain qu'on a traité de la sorte est, de sa nature, humide et n'a point, au préalable, été desséché et par conséquent assaini ; car, sans cette condition, beaucoup de semences et de plantes pourrissent, et celles qui échappent à cette atteinte funeste sont chétives et ne mûrissent que très-tard, tandis que, lorsqu'une terre a été bien égouttée, on peut la labourer à peu près en tout temps et la cultiver avec facilité ; on en obtient, en outre, presque toujours, des récoltes vigoureuses et d'un produit très-satisfaisant.

C'est dans les prairies, surtout, que les assainissements sont avantageux : une herbe touffue et de bonne qualité ne tarde pas à remplacer les plantes aquatiques, et le sol s'en raffermissant est moins susceptible d'être dégradé par les bestiaux qui le pâturent ; de plus, ces derniers s'y fortifient et sont, à beaucoup près, bien moins sujets aux maladies qu'auparavant.

La plupart des dessèchements sont aisés et peu coûteux à opérer. Il ne s'agit que d'apporter à ce genre de travaux le discernement nécessaire. Les sommes qu'on y destine ne sauraient être placées, en agriculture, d'une manière plus fructueuse.

Les moyens généralement en usage pour accomplir les dessèchements, sont les fossés ou tranchées ouvertes ; mais, pour en obtenir un effet utile et durable, ils doivent être convenablement pratiqués et il faut avoir le soin de les curer exactement et de ne pas les laisser envahir par les ronces et les longues herbes, qui mettent obstacle à leur service et en accélèrent la destruction.

Il est donc d'une très-mauvaise économie de négliger l'entretien de ces fossés ou tranchées.

Les terres qu'on en extrait en les confectionnant ou en les curant doivent être employées à niveler les parties voisines, et non rester amoncelées sur la berge comme on le voit fréquemment.

Lorsque l'eau arrive des héritages supérieurs, il suffit,

pour en préserver ceux inférieurs, d'un simple fossé de ceinture. Ce moyen, pourtant si simple, n'est employé que par un petit nombre de cultivateurs.

Le drainage est la méthode par excellence des assainissements, mais il comporte des détails qui feront l'objet de l'article suivant.

Enfin, lorsque le sol ne présente pas une pente suffisante pour l'écoulement des eaux, on doit, pour les en faire disparaître, avoir recours aux puits perdus, aux puisards, aux *boit-tout* ou aux sondages, selon les diverses natures de terrains.

ART. 5.

Du drainage.

Le drainage n'est pas une invention nouvelle; en effet, nous voyons dans l'antiquité les Perses et les Romains appliquer à leurs terres ce mode d'assainissement et en obtenir des résultats très-satisfaisants. Cependant, peu à peu l'usage s'en était considérablement restreint, et même, dans beaucoup de pays, on en avait, pour ainsi dire, perdu le souvenir. Des hommes qui consacrent leur intelligence à la propagation des découvertes utiles, étonnés de ce délaissement, ont, dans ces derniers temps, par un langage plein de sens et par des exemples réitérés constamment couronnés de succès, démontré les précieux avantages du drainage; en sorte que maintenant il n'est guère d'agriculteur qui ne soit désireux d'employer cet ingénieux procédé ; malheureusement, faute de ressources pécuniaires suffisantes, la généralité des cultivateurs est obligée de rester dans l'inaction à cet égard.

C'est donc principalement aux possesseurs de bourses bien garnies que nous faisons appel, pour qu'ils contribuent à l'extension d'une aussi bonne pratique agricole, soit en s'y livrant par eux-mêmes, soit en étayant de leur appui financier les cultivateurs honnêtes et laborieux, mais peu fortunés, qui voudraient drainer leurs terres.

Venons-en maintenant à quelques explications sur l'application de ce mode d'assainissement.

On doit y procéder, autant que possible, dans la belle saison, car à cette époque les travaux s'exécutent plus facilement et les éboulements sont moins fréquents.

Les tranchées doivent être d'une largeur telle que les ouvriers puissent y travailler commodément ; du reste, pour éviter des frais de terrassements, il convient de se procurer pour cet objet des instruments spéciaux, dont l'emploi est fort économique.

Quant à la profondeur de ces tranchées, il faut qu'elle ait au moins un mètre ; car si elle était moindre, l'effet du drainage serait peu sensible et les drains pourraient être détruits ou déplacés par le poids des voitures ou l'action des instruments de labour.

Essayons, au surplus, en quelques mots, de démontrer la supériorité d'un drainage profond sur un drainage superficiel.

La couche de terre qui se trouve au-dessus du niveau des drains seule peut s'y égoutter ; cela est évident. Si donc ces drains, au lieu d'être à la profondeur d'un mètre, sont enfouis seulement à un demi-mètre, ils absorberont moitié moins d'eau et, dans ce cas, la terre sera conséquemment bien plus vite saturée de ce liquide.

En ce qui concerne la distance à laisser entre chaque fosse, elle doit être de dix à douze mètres.

On emploie comme drains des branchages, des bruyères, des fougères, de la paille, de la pierraille et des tuyaux en terre de brique bien cuite.

Les deux dernières espèces de drains nous paraissent seuls convenables et présenter des garanties positives de solidité et de durée. Les tuyaux surtout produisent un résultat parfait. La dépense de leur achat, qui est, du reste, peu élevée, est largement compensée par l'économie de la main-d'œuvre. Nous n'hésitons donc pas à accorder à ce genre de drains toute préférence sur ceux d'une autre nature.

Toutefois, lorsqu'on se sert de tuyaux, il faut avoir grand soin de rejeter exactement tous ceux qui n'ont pas atteint un degré de cuisson suffisant, autrement on s'exposerait à voir se produire, par leur rupture, des solutions de continuité pouvant annihiler complètement les travaux du drainage.

Il y a des tuyaux appelés collecteurs, d'une dimension plus grande que les tuyaux ordinaires, et dans lesquels, par une ouverture pratiquée à cet effet, ceux-ci déversent leurs eaux. L'emploi de ces collecteurs a cela d'avantageux qu'il facilite l'écoulement de l'eau et diminue le nombre des orifices extérieurs des tuyaux, et par conséquent la surveillance.

Certains terrains bien drainés donnent, dès la première année même, un excédant de produit tel qu'il paye tous les frais de cette opération. Ajoutons que la culture des terres qui sont soumises au drainage devient facile, à ce point que, presque immédiatement après les plus fortes pluies, on peut y faire fonctionner les instruments aratoires quels qu'ils soient.

Voilà, ce nous semble, assez d'avantages pour faire considérer le drainage comme l'un des moyens les plus puissants de l'amélioration des sols humides.

ART. 6.

De l'écobuage ou pelage des terres.

Des opinions contradictoires existent sur les effets de l'écobuage. Certains agriculteurs prétendent que cette pratique est très-avantageuse; d'autres, au contraire, soutiennent qu'elle est fort nuisible aux terrains qui y sont soumis.

Ces opinions si opposées en apparence sont cependant faciles à concilier. Il ne sagit que de distinguer entre les diverses natures de sols.

De vieux pâturages, d'anciennes prairies, des terres argileuses et compactes, ou tourbeuses et marécageuses, des terrains de bruyère, ajoncs, genêts ou genièvres, ayant une profondeur suffisante, recevront, sans nul doute, une grande amélioration de l'écobuage.

Mais ce procédé devra être rejeté à l'égard des sols légers, siliceux et de ceux qui sont déjà d'un bon rapport.

Voilà ce que nous enseignent la raison et l'expérience.

Il est incontestable, du reste, que l'écobuage agit sur le sol chimiquement, en y introduisant des sels propres à stimuler la végétation des plantes, et, physiquement, en le rendant plus meuble et plus accessible aux influences météoriques.

Passons maintenant à quelques explications sur ce genre d'amendement.

Pour écobuer, on emploie plusieurs sortes d'instruments; mais le plus économique et le plus expéditif est la charrue.

Les résultats qu'on en obtient peuvent être presque aussi parfaits que ceux des instruments à main, si on a la précaution d'y adapter un soc large et bien tranchant et un coutre suffisamment affilé.

L'épaisseur des tranches varie selon celle de la couche de terre végétale. Si cette couche est mince, on ne doit pas pénétrer à plus de six centimètres; si elle est épaisse, on peut augmenter du double.

La période de l'année la plus convenable pour peler le terrain est celle qui se trouve entre la mi-mars et la mi-juin.

Avant de soumettre les gazons à la combustion, il faut attendre qu'ils soient bien secs. Parvenus à ce point, on les dispose, la terre en dessus, par monceaux coniques d'un ou deux mètres de hauteur et d'une circonférence à leur base de cinq ou six mètres, et de manière à ce qu'il y ait un peu de vide à l'intérieur du fourneau, et une petite ouverture du côté où le vent vient, par laquelle on allume le feu.

Il faut avoir bien soin de remettre en place les gazons qui se détachent pendant l'incinération. Ce n'est qu'au bout de quelques jours que celle-ci est complète. Alors on doit relever, en tas très-pointus, les cendres qui en résultent et sur lesquelles, par l'effet simplement de l'humidité, il ne tarde pas de se former une croûte qui empêche la dissipation des principes alcalins qu'elles renferment. Ces cendres restent ainsi jusqu'à l'époque de l'emblavure; ce moment arrivé, on les répand, le plus également possible, sur le sol, et on les enterre avec la semence.

L'addition de chaux, lors de cet emploi, dans la proportion de deux cents hectolitres par hectare, augmente considérablement l'effet des matières incinérées.

La récolte qui semble le mieux prospérer dans un terrain nouvellement écobué est celle du seigle ; on doit lui faire succéder dans l'ordre suivant : les pommes de terre, le froment et une prairie, soit naturelle, soit artificielle ; mais pour obtenir de cette rotation tous les avantages qu'elle comporte, il est essentiel de donner une fumure lors de l'emblavure de la plante sarclée.

ART. 7.

De l'emploi de la chaux et de son utilité en agriculture.

La chaux, appliquée à l'amendement des terres, est l'une des plus précieuses conquêtes qu'ait accomplies, jusqu'à présent, la science agricole ; son introduction, pour cet usage, est un immense service rendu aux cultivateurs, ses effets sont vraiment merveilleux ; car, au moyen de cet agent calcaire, beaucoup de propriétés qui, jadis, passaient pour très-mauvaises et inamendables, ont acquis en très-peu de temps un haut degré de fertilité : elles ont, pour ainsi dire, été métamorphosées.

La chaux, on peut donc l'affirmer, a produit une grande révolution en agriculture. C'est un levier puissant par lequel on peut obtenir sans interruption, pendant fort long-temps, une série d'abondantes récoltes, et augmenter ainsi promptement et honorablement sa fortune. Toutefois, ce genre d'amendement a ses règles, et quiconque voudrait les méconnaître s'exposerait à des déconvenues et à des mécomptes contre lesquels nous essayerons plus loin de prémunir nos lecteurs.

Occupons-nous d'abord, aussi succinctement que possible, de la théorie des effets de la chaux.

Elle a la propriété, étant éteinte ou hydratée, de saturer avec la plus grande énergie tous les acides qui, comme on le sait, sont fort nuisibles à la culture ;

Elle rend solubles des produits azotés qui, dès-lors, fournissent aux plantes de nombreux éléments de nutrition ;

Elle donne lieu à des principes alcalins favorables à la végétation ;

Elle occasionne le dégagement de l'acide carbonique qui, assimilant son carbone aux plantes, leur procure ainsi un stimulant très-actif ;

Elle décompose les produits ligneux et les convertit en humus, et convient par conséquent admirablement sur un défrichement de taillis ;

Elle se mêle insensiblement aux molécules des terres argileuses, qui deviennent alors d'une division plus facile ;

Elle s'interpose dans les sols sablonneux, auxquels elle procure de la cohésion ;

Enfin, elle absorbe, avec une grande puissance, la surabondance d'humidité du sol, qu'à ce moyen elle assainit, tout en lui servant de réservoir pour lui procurer, en temps de sécheresse, l'aquosité nécessaire à une riche végétation.

La chaux peut indifféremment s'appliquer à toutes les terres, si ce n'est celles de nature calcaire. Néanmoins, les proportions employées doivent varier selon les diverses espèces de sol. Ainsi, ceux argileux ou humides, ou ceux sur lesquels on voit croître des bruyères, des fougères ou des joncs exigent plus de chaux que les terres sablonneuses, légères ou sèches.

Dans tous les cas, il est rigoureusement indispensable de répartir la chaux le plus également possible. Lorsqu'on néglige ce soin, certaines places restent inamendées, tandis que dans d'autres, la trop forte dose de chaux qui s'y trouve épandue porte une atteinte funeste à la germination.

Il existe plusieurs procédés de préparation de la chaux consacrée à l'amendement des terres. Quelques-uns, nous ne le contestons pas, sont fort bons; mais comme ils ne peuvent être pratiqués qu'en faisant une dépense assez considérable, nous ne croyons pas devoir les décrire. Selon nous, il n'y a pour cet objet qu'une méthode véritablement économique, fort expéditive et en même temps excellente d'application. Elle consiste à disposer la chaux, un ou deux mois à l'avance, dans le champ même qu'on a l'intention d'amender, en gros tas de forme conique, dont les fissures doivent être exactement bouchées chaque fois qu'il s'en produit, afin d'empêcher l'invasion des eaux pluviales. Il ne tarde pas ainsi à se former, à la superficie de ces tas, une légère croûte qui, cependant, suffit pour les préserver des infiltrations trop abondantes. Les couvrir avec de la terre, comme nous l'avons souvent vu faire, est plutôt nuisible qu'utile, et, de plus, très-dispendieux. On doit donc conséquemment s'en dispenser. Nos expériences, sur ce point, sont décisives.

Les quantités de chaux à employer varient de deux cents à trois cents hectolitres par hectare, selon le genre des terres. Lorsqu'on veut l'enfouir, on la transporte dans le champ en petit monceau de chacun un hectolitre environ et également espacés. Elle doit être alors complétement réduite en poudre. Il est prudent de l'épancher tout aussitôt, car il pourrait arriver une forte pluie qui la convertirait en bouillie, et, tout en diminuant ainsi son efficacité, en rendrait l'exacte répartition à peu près impossible. L'enfouissement doit également être immédiat.

Remarquons que, pour que la chaux fasse pleinement sentir ses effets, il est nécessaire qu'elle soit convenablement incorporée au sol. Aussi, la première récolte que donne la terre amendée de cette manière, ne vaut-elle jamais celles qui lui succèdent, du moins pendant un certain nombre d'années.

Les découvertes les plus utiles, les meilleurs procédés, ont leurs détracteurs. La chaux elle-même n'a point échappé à cet esprit de critique. Ainsi, on a prétendu, et quelques personnes soutiennent encore aujourd'hui que, si elle procure d'abord de bonnes récoltes, elle ne tarde pas à stériliser complètement les champs où on l'a employée. De là ce dicton menteur, qu'elle enrichit le père et ruine les enfants.

Nous convenons, sans doute, que la chaux peut produire d'aussi mauvais résultats, mais c'est seulement lorsque, ne se rendant pas compte de la théorie de son action végétative, on veut, abusant de la puissance de cet amendement, en obtenir des récoltes les plus épuisantes, sans rendre au sol, en engrais, les principes nutritifs ainsi enlevés.

Ainsi, le moyen infaillible de maintenir inépuisablement la fécondité des sols chaulés, c'est l'application d'une fumure proportionnelle à l'abondance des produits ; la dose pourra en être considérablement réduite, si l'on a pris soin d'intercaler, dans la rotation, des récoltes améliorantes, telles que, par exemple, celle du trèfle.

Donc, le reproche adressé à la chaux d'être stérilisante est loin d'être fondé.

ART. 8.

De la marne et de son application à l'amendement des terres.

La marne, se composant de carbonate de chaux, d'argile et de sable, est nécessairement un excellent amendement pour les sols non calcaires et non marneux, et peut parfaitement remplacer le chaulage, si elle est employée en suffisante quantité, et si son incorporation a été faite convenablement. Toutefois, nous conseillons de ne s'en servir qu'autant qu'on se la procure dans le champ même qu'on veut ainsi améliorer, ou du moins à une très-petite distance de lui, et qu'autant encore qu'on serait obligé d'aller au loin chercher de la chaux ; car cette dernière substance, s'employant en quantité infiniment moindre que la marne, offre une telle économie de main-d'œuvre, qu'on ne doit pas hésiter à lui donner toute préférence sur sa rivale, si elle ne revient pas à un prix trop élevé.

La marne est, du reste, excessivement commune ; on la trouve presque partout, lorsqu'on veut bien prendre la peine de la chercher. Le plus ordinairement, elle est blanche ou grise ; mais il y en a d'un grand nombre d'autres couleurs, et c'est, précisément, pour cette raison que, ne pouvant ainsi la reconnaître, on s'en croit dépourvu dans beaucoup de localités. Il n'est cependant pas besoin d'être chimiste pour avoir la possibilité de s'édifier personnellement sur ce point. En effet, toute personne, en usant du procédé excessivement simple que nous allons rappeler, pourra par elle-même apprécier si telle terre est ou n'est pas de la marne.

Lors donc qu'on voudra faire cette expérience, on fera sécher modérément devant le feu un morceau de la terre qu'on supposera être de la marne; on le mettra dans un verre avec un peu d'eau mélangée de quelques gouttes d'acide nitrique (eau forte) et on agitera le tout avec une petite baguette. On pourra suppléer l'acide nitrique par de fort vinaigre; mais, dans ce cas, il ne faudra pas y ajouter de l'eau. Si le morceau de terre soumis à cette épreuve tombe en bouillie et qu'il produise en même temps un bouillonnement, on pourra le considérer comme marneux, le signe distinctif et parfaitement caractéristique de cette substance étant de se déliter dans l'eau et de faire effervescence avec les acides.

On distingue quatre espèces principales de marne :

Celle qui contient une faible partie de carbonate de chaux s'appelle argile marneuse;

Celle où il s'en trouve un tiers environ prend le nom de marne argileuse;

Celle où il en existe une moitié environ est tout simplement qualifiée marne;

Et, enfin, celle où il y en a une quantité plus forte est dite marne calcaire.

On peut facilement reconnaître chacune de ces proportions, en pesant un morceau de marne, en le faisant dissoudre et en en extrayant le carbonate de chaux au moyen de plusieurs lavages opérés avec soin et de telle sorte que l'argile et le sable seuls restent au fond du vase qui aura servi à cette opération. Après avoir fait sécher ce résidu, on le pèse, et la différence de ce poids avec celui primitif indiquera la quantité de carbonate de chaux extraite et, conséquemment, la proportion dans laquelle il existe dans l'espèce de marne soumise à cette analyse.

Il y a un autre moyen, plus expéditif que le précédent, d'arriver au même résultat : c'est d'opérer le dégagement de l'acide carbonique par l'emploi de l'acide nitrique. Ainsi, comme on sait que le premier de ces acides entre pour deux cinquièmes, ou quarante parties sur cent, dans la composition du carbonate de chaux, si la diminution opérée, par l'effet de ce dégagement, dans le poids d'un morceau de marne de cent grammes est d'un cinquième ou de vingt grammes, le carbonate de chaux existera dans cette marne pour moitié ou cinquante grammes.

La formule pour établir cette proportion se réduit donc à ceci :

Supposer autant de parties qu'on voudra au morceau de marne qu'il s'agit d'expérimenter ; le peser, avant et après le dégagement produit par l'acide nitrique ; multiplier par cinq la moitié du nombre des parties composant la différence de poids entre ces deux pesées : le total obtenu par cette opération sera précisément celui pour lequel entre le carbonate de chaux dans le morceau de marne.

Il est évident que plus une marne contient de carbonate de chaux, moins sa dose doit être considérable. La nature du sol où elle se met en détermine aussi la proportion. Si donc cette marne est calcaire et qu'elle soit employée dans un terrain sablonneux, on en répandra jusqu'à cinq cents mètres cubes par hectare. Sans doute, on pourrait l'appliquer en quantité inférieure ; mais alors ses effets seraient moins marqués et bien moins durables. Si, au lieu de marne on employait de la chaux dans un tel sol, il n'en faudrait que vingt mètres par hectare, c'est-à-dire vingt-cinq fois moins que de marne, ce qui prouve irréfragablement la vérité de l'assertion par nous ci-dessus émise, qu'il est plus économique de préférer la chaux toutes les fois qu'on peut se la procurer à un prix raisonnable.

Venons-en maintenant au mode le plus rationnel de l'application de la marne.

On doit la disposer dans le courant, ou mieux à l'entrée de l'hiver, sur le champ qu'on se propose d'amender, par tas d'un mètre environ, qu'on laissera se déliter jusqu'au printemps suivant ; alors on épanchera cette marne le plus uniformément possible et, pour en opérer le mélange parfait avec le sol, on y passera plusieurs fois la herse ; ensuite, on procédera à un labour très-superficiel et on le réitérera quelque temps après en donnant un peu plus d'entrure à la charrue. On pourra alors emblaver la terre ainsi marnée; mais de plus nombreux labours ne pourraient être que fort utiles; car il en résulterait une incorporation parfaite de la marne, et par conséquent ses effets seraient beaucoup plus prompts.

Cette substance, administrée en quantité suffisante, est, comme la chaux, un stimulant très-actif, et, de même que celle-ci, fait obtenir de précieuses récoltes, mais elle exige impérieusement d'abondants engrais et l'emploi de judicieuses cultures; car, sans ces moyens, la stérilisation du sol marné marcherait à grands pas. Lors donc qu'on marnera une terre, il faudra la fumer fortement, à moins qu'elle ne soit déjà suffisamment fertile, auquel dernier cas on pourra s'en abstenir, mais pour la première et la deuxième année seulement.

ART. 9.

De l'emploi du plâtre en agriculture.

Une découverte infiniment précieuse pour l'agriculture est celle du plâtre appliqué à l'amendement des terres et au développement de certaines plantes, principalement les légumineuses; son prix élevé, dans quelques contrées, ne doit point empêcher de s'en servir, à raison des avantages considérables qu'il procure. Reculer devant une dépense de ce genre est donc un très-mauvais calcul. Tout cultivateur intelligent est assurément pénétré de cette vérité.

Nous avons peine à comprendre qu'en présence des exemples aussi frappants de l'efficacité du plâtre sur le sol, il n'y soit encore employé que dans des proportions très-restreintes. Il est à désirer, dans l'intérêt général de l'agriculture, que cet amendement prenne une grande extension ; c'est dans ce but que nous joignons nos efforts à ceux de tant d'honorables citoyens, qui ont préconisé son usage et qui, pour donner plus de poids à leurs conseils, se sont eux-mêmes livrés à des démonstrations pratiques qui ne doivent laisser aucun doute, même dans l'esprit des plus incrédules, sur les excellents effets du plâtre, effets dont les principaux, on le sait, sont de donner de la vigueur aux plantes, surtout aux trèfles et aux luzernes ; de détruire les roseaux, les joncs et autres plantes parasites dans les prés marécageux, et de préserver le blé, qui succède au trèfle, des insectes qui pullulent ordinairement dans ce dernier.

Cela dit, passons à l'indication des meilleurs procédés à suivre pour recueillir de cet amendement le plus grand bénéfice possible.

On peut l'employer cru ; mais il est préférable de ne s'en servir qu'après l'avoir soumis à la cuisson ; car, en cet état, la division en est plus parfaite et sa puissance comme stimulant s'en accroît.

La saison la plus favorable pour le répandre est le printemps; on doit choisir pour cette opération le moment où il n'y a point de vent, afin que la répartition en soit uniforme. Il faut aussi n'y procéder que le matin, avant que la rosée ait disparu, car le plâtre est, de cette manière, bien mieux retenu par les feuilles des plantes et y infiltre avec plus de force ses principes végétatifs.

La quantité de plâtre à employer doit être au moins de trois hectolitres par hectare, répartis en deux fois, par quantité égale, à quinze jours d'intervalle : la première dès que la plante commence à étaler ses feuilles. Ce point, pourtant fort essentiel, n'est cependant que très-peu mis en usage, peut-être parce qu'il occasionne une augmentation de main-d'œuvre ; mais cette considération est, selon nous, d'une économie fort mal entendue.

Si l'on doutait de la bonté de cette méthode de répartir le plâtre à deux reprises différentes, on pourrait ne l'expérimenter que sur une petite échelle, et bientôt, par la comparaison qu'on serait à même d'en faire avec les autres parties voisines où l'on aurait suivi le procédé ordinaire, il ne resterait plus dans l'esprit la plus légère hésitation.

ART. 10.

De l'utilité et de l'usage des cendres en agriculture.

Généralement, on reconnaît que les cendres appliquées à l'amélioration du sol ou au développement des plantes, produisent d'excellents résultats; et, cependant, très-peu d'agriculteurs en emploient. Une semblable apathie est fort regrettable, et, tout naturellement, nous désirons la voir cesser.

Aussi avons-nous cru devoir consacrer quelques lignes à ce précieux amendement.

D'abord, comme la chaux, les cendres ont le double effet d'opérer la division des terres argileuses et de donner de la consistance aux terrains légers; ensuite, elles offrent des avantages qui leur sont spéciaux et qui consistent à augmenter considérablement les récoltes de certaines plantes, principalement le blé noir et le chanvre.

De plus :

Elles agissent de telle sorte sur les blés, que ceux récoltés dans un champ qui a été soumis à cet amendement se trouvent avoir l'écorce très-mince et une farine de qualité supérieure.

Elles conviennent presque aussi bien que le plâtre

pulvérisé pour accélérer et augmenter la végétation des prairies artificielles.

Appliquées aux prés naturels, elles les améliorent sensiblement; aux joncs et aux roseaux qui peuvent s'y trouver, elles substituent promptement l'espèce de trèfle appelé vulgairement triolet. Sous ce rapport, ses effets sont si frappants, que là où auparavant le bétail ne paraissait prendre qu'avec répugnance une chétive nourriture et en laissait la majeure partie, on le voit, quelques mois à peine après l'emploi de cet amendement, brouter l'herbe avec avidité et très-près du sol.

Ce sont là, comme on le voit, de grands avantages.

Examinons maintenant son mode d'emploi :

De quelque espèce qu'elles soient, les cendres doivent être répandues sèches, autrement la répartition en serait irrégulière et l'effet moins profitable.

Le moment de procéder à cette opération est au printemps pour les prairies naturelles et artificielles, et un peu avant les emblavures pour les terres arables. Dans ce dernier cas, les cendres doivent être légèrement enfouies.

La quantité à employer est, pour les terres labourables et les prés naturels, de trente à quarante hectolitres, et pour les prairies artificielles, de vingt ou trente hectolitres, le tout par hectare.

On pourrait, il est vrai, diminuer ces quantités et obtenir ainsi un bon résultat, mais il sera bien meilleur en les maintenant.

Enfin, il est à remarquer que le lessivage n'enlève rien à l'efficacité des cendres. Beaucoup d'agriculteurs les préfèrent même ainsi à celles qui n'ont pas servi à cet usage.

CHAPITRE VI.

SOMMAIRE :

ART. 1er.

Des avantages des défrichements en général et de la manière de les opérer avec succès.

Soumettre des terrains, à peu près improductifs, au défrichement est toujours une opération éminemment d'intérêt général ; car elle augmente la masse des produits agricoles et occupe beaucoup d'ouvriers. Mais, sous le rapport de l'intérêt particulier, elle ne peut être raisonnablement entreprise qu'autant que celui qui veut la pratiquer est à même de subvenir aux nombreuses avances de toutes sortes qu'elle exige ; autrement, il s'exposerait à rester en chemin, c'est-à-dire à n'accomplir qu'imparfaitement cette coûteuse opération, ou à se trouver dans la pénible nécessité de voir d'autres que lui profiter de ses labeurs et de ses débours.

Mais, si on a la certitude de ne pas être arrêté par la difficulté que nous signalons, on peut hardiment se livrer aux défrichements ; par ce moyen, et en peu d'années, on augmentera considérablement sa fortune.

Cela dit, examinons quels sont les procédés les plus économiques, et en même temps les meilleurs, pour obtenir un succès complet en cette matière.

Si la nature du sol le permet, on se sert, tout simplement, pour opérer un défrichement, d'une forte charrue, à laquelle on attèle des animaux en quantité suffisante pour la faire pénétrer le plus profondément possible.

Si, au contraire, par une cause quelconque, le sol est impénétrable pour cet instrument aratoire, on emploie la pioche.

Il est essentiel que ces travaux soient effectués avant la fin de l'hiver, afin d'arriver plus facilement à la pulvérisation du sol.

Dès le commencement du printemps, on répand, sur le terrain défriché, de la chaux, dans la proportion d'au moins deux cents hectolitres par hectare, ou vingt-cinq fois autant de marne.

Ce genre d'amendement, ainsi appliqué, produit des effets vraiment extraordinaires, surtout lorsque la couche supérieure du sol recèle abondamment des substances végétales non décomposées ; car ces substances ne tardent pas, sous l'action puissante de l'agent calcaire avec lequel elles se trouvent en contact, de se convertir en un humus des plus féconds.

Ajoutons que, soumis à ces principes désorganisateurs, l'acidité du sol et le tannin, tous deux si nuisibles à la végétation , sont complétement annihilés.

Si à la chaux et à la marne vient se joindre une bonne dose de fumier, on arrive à obtenir ainsi des produits vraiment surprenants.

Aussitôt que l'épanchement dont nous venons de parler a été accompli, on donne au terrain défriché un nouveau labour qui, cette fois, est beaucoup plus expéditif que le premier ; on y passe à plusieurs reprises une forte herse, et on y pratique les sillons d'écoulement nécessaires pour que l'eau s'en égoutte facilement ; après quoi, on plante des pommes de terre, auxquelles on donne toutes les façons qu'elles exigent pour arriver à leur faire acquérir le développement dont elles sont susceptibles. Lorsque vient le moment de les arracher, on pioche la terre dans toutes ses parties, et le plus profondément possible, et, aussitôt après l'enlèvement de ce précieux tubercule, on y sème du froment, qu'on enterre, soit avec l'araire, soit, ce qui est

bien préférable, avec un instrument à main, si l'on a suffisamment de bras à sa disposition.

Telle est l'énergique action sur le sol des moyens que nous
venons d'indiquer, qu'il se trouve ainsi parfaitement ameubli, et que, dans la céréale même qui suit la plante sarclée,
on peut semer du trèfle, dont la réussite est assurée, à
moins de circonstances atmosphériques tout à fait con-
traires.

A cette légumineuse doit tout naturellement succéder un
froment sur un seul labour, auquel, sans plus de façons,
succède à son tour une avoine qui clôt la rotation.

Ainsi, comme on le voit, on aura obtenu par cette combinaison cinq bonnes récoltes, qui devront payer bien au-
delà les dépenses qu'elles auront occasionnées, outre celles
de défrichement.

D'un autre côté, le sol, parvenu, par la culture et l'incorporation parfaite des amendements et des engrais, à une
grande amélioration, aura acquis une valeur au moins quadruple de celle qu'il avait avant sa transformation.

Donc, on ne saurait le méconnaître, et nous le répétons,
quiconque peut faire face aux avances considérables qu'entraîne un défrichement, peut l'entreprendre avec la certitude de réaliser ainsi une spéculation excessivement fructueuse.

ART. 2.

Des avantages de convertir certains bois-taillis en terres arables.

Dans beaucoup de localités, fort rapprochées des villes ou de gros villages, il existe des quantités considérables de bois-taillis, dont le sol, à peu d'exception près, est de nature à être livré fructueusement à l'agriculture ; cependant, chose remarquable, un très-petit nombre de propriétaires de ces sortes d'héritages juge à propos de leur donner une semblable destination.

Essayons donc de démontrer par quelques calculs, excessivement simples, combien méconnaissent leurs intérêts ceux qui négligent un moyen aussi facile de s'enrichir.

Supposons, ce qui arrive le plus souvent, que la superficie d'un taillis se coupe tous les treize ans, et se vende, à raison de vingt francs la feuille, la somme de deux cent soixante francs l'hectare.

Voyons maintenant ce que produirait le sol de ce taillis, pendant la même période, s'il était converti en terre arable.

Dans l'hypothèse, que nous avons faite plus haut, de sa position près d'un centre de population, le moins que nous puissions évaluer le fermage annuel de ce terrain, est cinquante francs par hectare.

D'après cette base, on toucherait :

A l'expiration de la première année, ci. . .   50 »

A la fin de la seconde année semblable somme

de. . . . .   50 »

Et pour les intérêts de la première annuité.   2 50

Ce qui ferait un total de. . .   102 50

Au bout de la troisième année :

Pour les intérêts de ce total. 5 12

Et pour le fermage de cette même année. .   50 »

Ce qui donnerait un total de. .   157 62

A l'expiration de la quatrième année :

Pour les intérêts de ce total. 7 88

Et pour le fermage de cette même année. .   50 »

Ce qui composerait un total de. .   215 50

A la fin de la cinquième année :

Pour les intérêts de ce total. 10 77

Et pour les fermages de cette même année.   50 »

Ce qui produirait un total de. .   276 27

Au bout de la sixième année :

Pour les intérêts de ce total 13 81

Et pour le fermage de cette même année. .   50 »

Ce qui formerait un total de . .   340 08

A reporter. . .   340 08

Report. . .	340	08

A l'expiration de la septième année :

Pour les intérêts de ce total.	17	»
Et pour le fermage de cette même année. .	50	»
Ce qui donnerait un total de . .	407	08

A la fin de la huitième année :

Pour les intérêts de ce total.	20	35
Et pour les fermages de cette même année.	50	»
Ce qui composerait un total de. .	477	43

Au bout de la neuvième année :

Pour les intérêts de ce total.	23	87
Et pour le fermage de cette même année. .	50	»
Ce qui ferait un total de. . .	551	30

A l'expiration de la dixième année :

Pour les intérêts de ce total.	27	56
Et pour les fermages de cette même année.	50	»
Ce qui formerait un total de. .	628	86

A la fin de la onzième année :

Pour les intérêts de ce total.	31	44
Et pour le fermage de cette même année. .	50	»
Ce qui présenterait un total de. .	710	30

A reporter. . .	710	30

Report. . . 710 30

Au bout de la douzième année :

Pour les intérêts de ce total 35 51

Et pour le fermage de cette même année. . 50 »

Ce qui donnerait un total de. . 795 81

Et à l'expiration de la treizième année :

Pour les intérêts de ce total. 39 79

Et pour le fermage de cette même année. . 50 »

Ce qui fournirait un total général de. 885 60

Or, ainsi qu'on l'a ci-dessus rappelé, le sol dont il s'agit, s'il était conservé en taillis, ne rapporterait, durant ladite période de treize ans, que . . . . 260 »

En sorte que l'excédant du produit de ce sol, sur celui qu'on en obtiendrait en taillis,

serait de. 625 60

Ainsi, pour une étendue de cinquante hectares, la conversion de taillis en terres cultivables ferait gagner au propriétaire, en treize ans, la somme de trente-un mille deux cent quatre-vingts francs, ou en vingt-six ans, par l'action de l'intérêt composé, la somme de soixante-deux mille cinq cent soixante francs. Voilà, ce nous semble un beau denier.

On nous objectera peut-être que nous n'avons point mis en ligne de compte les frais occasionnés par le défrichement, et que, d'ailleurs, cette opération, pour s'accomplir, doit être légalement autorisée.

Nous répondrons à ces objections qu'à la proximité d'un centre de consommation, le produit des souches ou racines d'un défrichement suffit toujours pour couvrir lesdits frais et même au-delà, et que l'administration forestière ne peut, d'après la loi, mettre d'empêchement aux défrichements qu'à l'égard des taillis qui sont situés sur les dunes ou le penchant de montagnes rapides, ou dans la zône des places de guerre.

ART. 3.

De l'importance de la culture des mauvais sols.

Ce n'est que par la culture que les nations peuvent se constituer une existence prospère; car, en même temps qu'elle assure leur alimentation, elle leur fournit les moyens de satisfaire à tous leurs autres besoins. C'est donc avec raison qu'on la considère comme une richesse positive, d'où découlent les autres genres de richesse, et, par cela même, elle doit être l'objet de toute la sollicitude des gouvernements.

Là où il se fait une bonne culture, les habitants sont plus nombreux et généralement plus vigoureux que dans les

8

localités où on la néglige ; l'argent y est aussi plus abondant, le prix du sol plus élevé, les transactions de toutes sortes plus faciles, et le paupérisme, cette plaie hideuse qui afflige l'humanité, tend, chaque jour, à en disparaître.

Quand bien même les terres sont naturellement peu productives, ce n'est pas une raison d'en délaisser la culture, ainsi que l'ont maladroitement, selon nous, proposé certains économistes agricoles ; car ces terres sont presque toutes susceptibles, au moyen d'amendements, d'engrais et d'un assolement convenable, de s'améliorer sensiblement et de donner d'abondants produits. Elles offrent, dès-lors, un moyen d'étendre la consommation alimentaire, et d'occuper de nombreux ouvriers, dont les salaires, nécessairement versés dans la consommation, augmentent le bien-être public.

D'ailleurs, il serait à craindre, si ce genre d'occupation était anéanti, qu'il n'en résultât de graves atteintes à l'ordre social, à raison du désœuvrement où se trouveraient de nombreux ouvriers et de la privation ou de la diminution de leurs salaires.

Il est, en outre, parfaitement démontré que si l'on cultivait seulement les bonnes terres, il faudrait avoir recours fréquemment, dans de larges proportions, à l'importation, pour se procurer les denrées de première nécessité, ce qui ferait sortir du territoire des sommes considérables, qu'il conviendrait mieux certainement d'appliquer à la rétribution du travail indigène.

Ce n'est pas tout : si la ressource des blés exotiques venait à manquer, on se trouverait réduit à la plus affreuse misère.

Ajoutons que, si les mauvaises terres restaient incultes, il s'ensuivrait une diminution de valeur territoriale qui porterait atteinte à une multitude d'intérêts, et rendrait plus difficiles encore qu'ils ne le sont aujourd'hui les emprunts hypothécaires, et que le trésor public lui-même en éprouverait un grave préjudice, puisque les impôts, reposant sur le sol, sont fixés proportionnellement aux revenus de celui-ci.

Etendre la culture aux mauvaises terres est donc à la fois d'une excellente économie politique, sociale et agricole ; cette proposition nous semble démontrée jusqu'à la plus claire évidence, et nous sommes fort surpris, en vérité, qu'une doctrine contraire soit enseignée par quelques publicistes.

ART. 4.

Des inconvénients du trop grand morcellement des terres.

Dans beaucoup de nos campagnes, lorsqu'un cultivateur vient à mourir, ses héritiers, surtout lorsqu'ils habitent la localité où sont situés les héritages ruraux dépendant de la succession, se les partagent entre eux, de manière que chaque parcelle se trouve divisée entre tous les ayant-droit au lieu d'être attribuée à un seul, ce qui, pourtant, serait toujours praticable au moyen d'abandons par équivalents ou payements de soultes.

Depuis long-temps déjà cet état de choses existe, et, loin de s'affaiblir, il semble, au contraire, prendre tous les jours plus d'extension, au grand préjudice, selon nous, des véritables intérêts agricoles, comme nous allons chercher à l'établir.

Ainsi, en fractionnant trop les fonds de terre :

On augmente le nombre de ses voisins, et par conséquent on se met dans le cas d'avoir fréquemment des contestations et des procès ;

On ne peut que très-difficilement, et, dans tous les cas, que d'une manière relativement fort onéreuse, exécuter les travaux nécessaires aux irrigations, assainissements et autres amendements du sol ;

Il en coûte plus pour exploiter et clore plusieurs héritages qu'un seul qui leur serait de beaucoup supérieur en contenance, et les labours s'y font péniblement et avec lenteur ;

La surveillance ne s'y exerce point aussi aisément ;

A surface égale, il faut plus de semence pour les petites pièces de terre que pour les grandes.

Certes, nul agriculteur intelligent ne contestera la vérité de toutes les affirmations qui précèdent. Donc, puisque les fâcheuses conséquences du trop grand morcellement des terres sont ainsi reconnues, pourquoi ne chercherait-on point à y porter remède en employant les moyens indiqués par la raison ?

Par exemple, le législateur ne pourrait-il pas disposer qu'à l'avenir, dans les campagnes, non-seulement les héritages de moins d'un dixième d'hectare ne seraient point divisés, mais encore que les parcelles d'une contenance inférieure qu'on viendrait à y annexer seraient dispensées des droits de mutation ? Nous pensons qu'une loi rendue dans ce sens produirait d'excellents résultats au point de vue des intérêts de l'agriculture. Nous en appelons donc de tous nos vœux la promulgation.

Certains esprits pointilleux viendront peut-être nous objecter que défendre la division du sol, même dans les plus étroites limites, serait porter atteinte au droit sacré de la propriété ; mais cet argument tombera en présence de cette considération puissante, selon nous, que ce droit, lui aussi, a ses bornes, et que c'est au législateur à les poser là où il lui apparaît que l'exige l'intérêt général.

ART. 5.

De l'art des assolements.

L'agriculture alterne, bien que présentant d'incalculables avantages aux cultivateurs, ne paraît cependant mise en pratique que par un très-petit nombre d'entre eux, et ne se propage qu'avec une lenteur déplorable, tant il est vrai que ce n'est qu'avec beaucoup de temps et une extrême difficulté que l'on parvient à déraciner les vieilles méthodes routinières, pour leur substituer des procédés infiniment meilleurs.

En effet, le système des repos et des jachères est encore, dans un grand nombre de points de la France, presque universellement appliqué : c'est là une immense plaie nationale qu'il est du devoir de tout bon citoyen de chercher à guérir. Nous allons donc, dans ce but, essayer de démontrer la prééminence des assolements rationnels sur ceux triennaux.

Les avantages les plus saillants de l'agriculture alterne, intelligemment mise en œuvre, sont ceux-ci :

Eviter beaucoup de labours ;

Augmenter considérablement les produits, les décupler même, dans beaucoup de cas ;

Se procurer des fourrages artificiels en énorme quantité ; or, suivant un vieux proverbe agricole, *qui a du foin a du pain* ;

Avoir la possibilité de nourrir plus de bestiaux et leur appliquer l'excellente méthode de la stabulation permanente ;

Obtenir d'abondants engrais ;

Et récolter des céréales nettes de mauvaises herbes, qui

se trouvent anéanties par les sarclages ou étouffées par les prairies artificielles.

Disons de plus, sans crainte d'être taxé de paradoxal par quiconque pratique les bonnes méthodes de culture, qu'un assolement raisonné tient lieu souvent du fumier lui-même, et qu'il n'est pas rare de voir des terres bien assolées donner des produits supérieurs à ceux des terres voisines, quoique ces dernières soient fumées en assez forte dose.

Efforçons-nous maintenant de tracer les principes généraux en matière d'assolement.

Voici, selon-nous, ces principes, qui nous paraissent d'une incontestable vérité :

Les terres s'épuisent vite, si on leur fait, successivement et sans interruption, rapporter les mêmes choses; mais jamais elles ne se lassent de rapporter si on alterne sagement les récoltes, c'est-à-dire si, à une espèce, on fait succéder une espèce différente, en éloignant le plus possible le retour des mêmes espèces; cette manière de procéder est excellente, car, loin d'épuiser le sol, elle l'améliore sensiblement.

Ainsi donc, en matière d'assolement, il ne faut pas tant chercher à établir des cultures régulières que des cultures différentes; reculer le plus possible le retour des mêmes végétaux sur le même héritage, produit presque toujours et dans tous les cas de très-bons effets.

Il est essentiel, néanmoins, d'organiser ces cultures de manière à ce que tous les travaux ne viennent pas ensemble à certaines époques ; autrement, il arrive que les attelages, parfois complètement inoccupés, ne peuvent suffire, en d'autres instants, aux besoins de l'exploitation.

Ce à quoi doit aussi s'attacher tout cultivateur intelligent, c'est de n'exécuter que les labours strictement indispensables ; or, il arrivera à ce résultat principalement par la création de prairies artificielles, qui lui éviteront beaucoup d'engrais, lesquels pourront alors être appliqués aux terres qui en auront besoin.

Obtenir, économiquement et constamment, de riches récoltes, tout en conservant les terres en bon état, tels sont, en définitive, comme on le voit, les précieux avantages que procure la culture alterne, combinée avec un judicieux assolement.

ART. 6.

Du mode le plus avantageux de rotation.

Il ne suffit point, pour réussir en agriculture, d'adopter le système de l'alternat ; il faut encore, et de toute nécessité, le bien comprendre, c'est-à-dire savoir faire succéder ses récoltes suivant un ordre déterminé ; c'est cet ordre qui constitue la rotation que beaucoup de personnes confondent avec l'assolement, qui ne devrait s'entendre que de l'affectation de diverses parties d'un domaine à plusieurs genres de culture, abstraction faite de leur classement.

Remarquons encore, avant d'aller plus loin, qu'on a beaucoup trop multiplié, en théorie, les distinctions des différentes natures de terres, pour appliquer spécialement à chacune d'elles une rotation particulière. En effet, sauf quelques exceptions, la même rotation de culture peut, indifféremment, s'appliquer à tous les sols de notre zône. Cette théorie sera probablement déniée par les agriculteurs qui ne l'ont pas mise en pratique; mais nous n'en persistons pas moins à la soutenir comme vraie, en conseillant aux incrédules de l'expérimenter, ne fût-ce que sur une très-petite échelle.

Cela dit, voyons quelle est, pour notre climat, la rotation la plus simple et en même temps la plus fructueuse.

Selon nous, cette rotation est celle quinquennale, et a pour objet :

La première année, avec fumure copieuse, des plantes sarclées de toute nature, principalement des pommes de terre, haricots, betteraves ou carottes;

La deuxième année, du froment;

La troisième année, du trèfle, semé dans l'emblavure précédente;

La quatrième année, du froment;

Et la cinquième année, du seigle ou de l'avoine, *ad libitum.*

Ces quatre dernières récoltes sans fumure.

Mais il arrive quelquefois que, par l'inclémence des saisons, une semblable rotation subit nécessairement des modifications.

Ainsi, supposons que le trèfle vienne à manquer, il semble, au premier aperçu, que l'économie de cette rotation en reçoit une funeste atteinte ; cependant, pour le cultivateur actif et intelligent, la non réussite de cette utile légumineuse n'est point un malheur complètement irréparable. Bien plus, de ce malheur même, il sait retirer certains avantages que nous allons expliquer : A la place de la graine qui vient de lui faire défaut, presque aussitôt après la récolte du blé, sur le chaume même, il sème du **trèfle incarnat**, qu'il se contente d'enterrer tout simplement à la herse, et même, telle est la force germinative et végétative de cette graine, qu'on peut se dispenser de l'enfouir de quelque manière que ce soit. Toutefois, pour plus de certitude de sa réussite, il est d'une excellente méthode de la répandre sur le champ, dans son alvéole même. Mais une semblable manière de procéder exige beaucoup d'attention et demande l'emploi d'une main exercée, afin d'arriver à une répartition exacte de la semence.

Le trèfle incarnat est très-hâtif et constitue, presque dès le commencement du printemps, une précieuse ressource pour la nourriture en vert du bétail. On peut aussi, quoi qu'en disent quelques détracteurs, le convertir en bon fourrage sec, pourvu qu'on ait le soin de le faucher de bonne heure ; le tout est d'arriver à lui faire obtenir le degré de siccité convenable, ce qui n'est pas toujours facile, en raison des faibles chaleurs qui règnent alors. Il est vrai qu'il ne donne pas plusieurs coupes comme le trèfle ordinaire ; mais on peut largement compenser cet inconvénient en obtenant une récolte de plantes sarclées avant l'emblavure de froment ; cette récolte intercalaire, loin de porter atteinte à celle qui la suit, contribue, au contraire, à sa prospérité, en nettoyant le sol et en lui faisant acquérir le plus haut degré d'ameublissement. Nous conseillons, quant à l'espèce de semence à employer dans la circonstance, de donner la préférence aux haricots ; car, outre qu'ils n'épuisent nullement la terre, ils étouffent fort bien les mauvaises herbes.

Ainsi donc, dans l'hypothèse que nous venons de poser, si, d'une part, le cultivateur voit s'évanouir l'espoir qu'il fondait sur sa récolte de trèfle, d'autre part, il a un fourrage plus précoce que celui dont il est privé, et, en outre, il se procure une bonne récolte intercalaire, qui ne dérange pas le moins du monde le surplus de sa rotation culturale.

Ajoutons ici que le trèfle incarnat peut très-bien aussi être semé, comme récolte dérobée, dans le seigle ou l'avoine qui termine la rotation que nous avons plus haut indiquée. Le commencement de celle qui suivra n'en sera nullement retardé, si, après la récolte de ce trèfle, on ne met aucun retard dans les labours, et la terre, loin de souffrir de ce produit intercalaire, n'en sera que plus productive, les effets du trèfle incarnat étant, comme nous l'avons déjà dit plus haut, essentiellement améliorants.

La semence de vesce, soit d'automne, soit de printemps, est aussi un excellent moyen de suppléer à la perte du trèfle commun, et le blé qui suit est ordinairement très-beau ; on pourrait donc aussi, dans l'occurence, y avoir recours.

C'est encore cette emblavure qu'il est convenable de substituer à la plante sarclée formant la base de la rotation, lorsque, faute de bras ou d'argent, on n'a pu cultiver ce dernier genre de récolte.

Beaucoup de cultivateurs, au lieu de semer du trèfle dans des champs de froment, croient devoir le répandre dans des terres emblavées en avoine ; c'est là une méthode des plus vicieuses ; car ces terres, n'ayant pas reçu de fumures depuis une époque éloignée et, de plus, étant infestées de mauvaises herbes, ne sont nullement propres à la bonne végétation du trèfle ; ce n'est pas tout encore, car il est constant que la céréale qui suit cette légumineuse est, quant à son produit, en proportion mathématique avec elle : leur corrélation est d'une intimité frappante.

Il faut donc de toute nécessité, dans le but de parer à l'inconvénient que nous venons de signaler, et d'ailleurs pour se conformer à un principe incontestable, semer toujours le trèfle dans la céréale qui suit immédiatement la plante sarclée. En effet, étant ainsi rapproché d'une application d'engrais et se trouvant dans une terre nettoyée par le sarclage, le trèfle a pour lui beaucoup plus de chances de succès que s'il avait été employé dans une graminée devant terminer la rotation.

Quelques personnes feront peut-être au mode de culture que nous venons d'indiquer le reproche d'être vicieux, en ce sens que, de sa formule, il résulte que deux céréales se succèdent; mais nous répondrons à cette objection que, dans notre système, la seconde céréale closant la rotation et devant conséquemment être suivie d'une fumure et d'un sarclage, nous paraît n'avoir aucune mauvaise influence sur le sol, et que d'ailleurs le seigle et l'avoine, bien que de la même famille que le froment, n'absorbent pas, à beaucoup près, autant que lui, les principes nutritifs de la terre.

CHAPITRE VII.

SOMMAIRE.

ART. 1er.

Des conditions constitutives d'une bonne écurie.

Il est certainement un grand nombre d'agriculteurs qui, appréciant l'importance d'une écurie établie selon les règles de l'hygiène, agissent en conséquence; mais aussi, il en est beaucoup d'autres qui paraissent peu se préoccuper de cette partie de leur administration. C'est pour ces derniers que nous allons nous livrer aux considérations suivantes :

Il est prouvé que la transpiration et la respiration du cheval produisent une altération sensible de l'air de l'écurie ; on doit donc, pour atténuer cet effet pernicieux et même l'annihiler, s'il est possible, donner aux écuries de larges dimensions.

Leur hauteur, conséquemment, ne sera jamais moins de trois mètres soixante-sept centimètres.

Leur largeur ne devra pas être inférieure à quatre mètres si l'écurie est simple, et à huit mètres si elle est double.

L'espace à consacrer à chaque cheval aura un mètre soixante-six centimètres. C'est une excellente précaution de séparer les animaux par des planches formant des cases particulières. De cette manière, ils sont bien plus à leur aise et, en outre, tout à fait à l'abri des accidents. Ce mode est infiniment préférable à celui qui consiste à établir une séparation avec des barres, surtout si elles sont mobiles.

La porte de l'écurie devra avoir au moins une largeur de deux mètres et une hauteur de deux mètres trente-trois centimètres.

Les fenêtres en seront de dimension et en nombre tels qu'il puisse en résulter une aération complète. Elles auront des contrevents dont la fermeture, au besoin, produira l'obscurité et, par suite, empêchera les mouches de tourmenter les animaux. L'emploi de ce moyen ne diminuera pas la quantité de l'air, si on a eu le soin de pratiquer un ventilateur au plancher, et qui servira aussi de passage aux fourrages.

Le sol des écuries devra être bien sain et très-solide ; à cet effet, il faut qu'il soit un peu plus élevé que le terrain voisin et pavé en pierres ou en béton. Il est essentiel de le disposer en pente, dans le double but de mettre l'animal à son aise et que ses urines s'écoulent avec facilité de l'écurie.

Les râteliers devront être très-légèrement inclinés et placés de telle sorte que les barres s'en trouvent en face de la bouche du cheval ; ces barres, parfaitement polies, seront espacées de dix centimètres environ.

Les auges pourront être en bois ou en pierres. Celles de cette dernière espèce sont bien préférables ; mais on s'en sert rarement, à cause du prix de leur achat ; cependant, comme elles ont une durée à peu près indéfinie, elles sont, en définitive, plus économiques que les autres. Les auges, quelles qu'elles soient, doivent être entretenues dans un état constant de propreté ; car la santé des animaux dépend de ce soin, et, d'ailleurs, ayant le goût et l'odorat fort sensibles, ils rejettent ou consomment avec une répugnance bien marquée la nourriture et la boisson malpropres.

Les écuries devront être éloignées suffisamment des poulaillers et de toute mauvaise exhalaison.

Enfin, leur exposition importera peu si elles sont munies des ouvertures et contrevents prescrits, puisque, au moyen de ceux-ci, il sera toujours facile de modifier l'action des vents et du soleil.

Tout ce que nous venons de dire sur les écuries s'applique également aux étables.

ART. 2.

Des avantages de la stabulation permanente ou de la nourriture, constamment à l'étable, du bétail.

La révolution la plus heureuse qui se soit produite en agriculture est certainement l'application, dans toutes les métairies bien administrées, du système de la stabulation permanente ou de la nourriture, constamment à l'étable, du bétail ; cependant, malgré les avantages bien démontrés de cette pratique agricole, elle a encore aujourd'hui des détracteurs ; et c'est dans le but d'en diminuer le nombre et de faire ressortir l'injustice de leurs reproches, que nous allons nous livrer aux appréciations suivantes :

Par la stabulation permanente,

On obtient des quantités considérables de fumier, lequel, étant répandu dans les terres, leur procure une grande fertilité ;

9

On évite les pertes de fourrages causées par le piétinement du bétail et par ses excréments;

Les prairies, pouvant se faucher, conservent leur qualité et ne se laissent point envahir par les herbes de mauvaise nature et par les buissons, comme cela arrive lorsqu'elles sont soumises à la paissance;

Ayant continuellement les animaux sous les yeux, on en exerce avec facilité la surveillance, ce qui met les domestiques dans le cas de les mieux soigner : *L'œil du maître engraisse le bétail*, exprime un vieux dicton;

Ces animaux ne se fatiguent point par de fréquentes allées et venues à des pacages souvent éloignés, et on peut, dèslors, leur faire faire un travail complet;

Ils sont beaucoup plus à leur aise dans les étables que dans les pâturages, et ne courent point le risque, comme dans ces héritages, d'être volés, de commettre des dégàts dans les terres voisines et d'être piqués ou mordus par les insectes et reptiles vénimeux.

En outre, on a bien moins à craindre pour eux des maladies épidémiques que si on leur laissait prendre leur subsistance dans les pacages, où ils sont soumis à l'influence pernicieuse des brouillards et autres influences météoriques malignes.

En vain, nous objectera-t-on que l'exercice, ce puissant agent higiénique si nécessaire aux hommes, ne l'est pas moins à la santé du bétail, et que le régime de la nourriture à l'étable en est exclusif. Nous répondrons à ce raisonnement que s'il s'agit des animaux d'attelage, ils prennent suffisamment d'exercice dans l'accomplissement de leurs travaux journaliers, et que, quant aux autres, rien n'empêche de les faire sortir tous les jours pendant quelques heures, soit dans la cour de la ferme, soit dans tout autre endroit à proximité.

Il est évident que, pour tenir d'une manière permanente le bétail à l'étable, il faut être en mesure de lui procurer une nourriture convenable, tant sous le rapport de la bonté des aliments que sous celui de leur abondance ; ainsi donc, on doit s'appliquer à obtenir ce résultat par tous les moyens qu'enseignent la science et la bonne économie agricole. Il faut, conséquemment, créer au préalable des luzernières, des champs de trèfle, de sainfoin ou de vesce ; avoir récolté beaucoup de plantes fourragères, telles que carottes, betteraves et navets ; ce sont là des aliments très-nutritifs et d'une facile digestion ; enfin, être muni de paille en suffisante quantité pour renouveler fréquemment et copieusement les litières.

Toutes ces choses, sans doute, ne s'obtiennent pas de suite, surtout à l'égard des cultivateurs dont les ressources pécuniaires ne sont pas étendues ; mais on peut y arriver graduellement, si on a le vif désir d'appliquer l'excellente méthode dont il s'agit et si on y met la persistance nécessaire. Les uns parviendront au but plus vite que les autres ; mais tous l'atteindront, s'ils sont doués de persévérance et d'un certain degré d'intelligence.

Ce qu'il importe de bien observer, c'est de ne pas entretenir à l'étable des bestiaux en nombre disproportionné avec les ressources fourragères dont on dispose ; car, alors, on se trouverait dans la fâcheuse nécessité ou de les vendre au-dessous de leur valeur, ou de leur administrer des aliments avec parcimonie, à moins qu'on ne fasse le sacrifice d'en acheter, ce qui serait excessivement onéreux.

En résumé, il faut pouvoir, avec les produits qu'on récolte soi-même, procurer au bétail une subsistance toujours saine et abondante. Le bien nourrir coûte, dit un proverbe, mais le mal nourrir, ajoute-t-il, coûte bien plus encore ; cela est d'une incontestable vérité.

Une condition fort essentielle à la santé des bestiaux, c'est que leurs étables soient saines, bien aérées et curées fréquemment.

N'oublions pas non plus de rappeler que la nourriture verte qu'on administre aux bestiaux à l'étable demande certaines précautions, pour éviter les météorisations de la panse, les relâchements d'intestins et les indigestions. Ainsi, il faut bien prendre garde de ne pas les faire passer subitement de la nourriture sèche à la nourriture verte, et *vice versâ* ; on doit y arriver graduellement ; de cette manière, on empêche ces fâcheux résultats de se produire.

Pour employer, à l'étable, le fourrage vert avec toute sécurité et avec avantage, il est nécessaire de le couper dès la veille du jour où il est destiné à être consommé. Plus tard, il s'échaufferait, et serait rejeté ou mangé avec dégoût par le bétail; plus tôt, il pourrait occasionner le météorisme, surtout s'il était fauché avant sa maturité ou imprégné d'eau.

Il faut faire en sorte que ce soit toujours le même homme qui soit chargé de l'administration de la nourriture des bestiaux; autrement, la distribution en est irrégulière, et ne produit pas à beaucoup près tout l'effet qu'on s'en propose.

Telle est l'influence d'une bonne et abondante nourriture, lorsqu'elle est donnée convenablement, qu'elle coopère merveilleusement au développement des jeunes animaux et à l'amélioration de leur constitution et de leurs formes. Par contre, ceux de bonne espèce dont la nourriture est négligée ou peu substantielle, dépérissent et s'abâtardissent rapidement, et finissent par devenir si chétifs, que les marques distinctives qui les caractérisaient s'effacent complètement.

Outre les considérations que nous venons d'exposer, nous ferons remarquer que le système de l'agriculture alterne se lie intimement à celui de la stabulation permanente, et que vouloir appliquer l'un et rejeter l'autre, constituerait une anomalie flagrante. Il faut absolument associer ces deux systèmes.

L'usage du sel pour le bétail, bien que préconisé par les maîtres de la science agricole, est cependant peu usité, ce qui est très-regrettable ; car il est constant que cette substance, outre qu'elle excite l'appétit des animaux, prévient beaucoup de maladies. Ainsi, on a remarqué que les épizooties avaient lieu bien plus fréquemment dans les pays où l'on n'employait pas de sel pour les bestiaux, que dans ceux où, au contraire, on leur en administrait.

ART 3.

De la litière du bétail.

Cette partie si importante de l'économie rurale est négligée, au plus haut degré, dans beaucoup d'exploitations agricoles. On voit même des cultivateurs s'en préoccuper si peu dans les domaines qu'ils exploitent, qu'ils vendent une grande partie des pailles qu'ils y récoltent, et se mettent ainsi volontairement dans l'impossibilité de fournir à leurs bestiaux la litière qui leur est nécessaire.

Il est pourtant d'une incontestable vérité qu'au point de vue de l'hygiène des animaux et de la fertilisation du sol, les litières copieuses et bien composées ont une grande influence. En effet, que de maladies résultent pour le bétail, soit du trop peu de fréquence du renouvellement des litières, soit de la parcimonie apportée à leur formation, et, en outre, que de champs improductifs à raison de cette même cause !

Il est rare que la paille d'une métairie soit plus que suffisante pour le service convenable des étables et des écuries ; mais, s'il en restait après cet emploi, ce ne serait pas un motif plausible pour la vendre, car on pourrait facilement la convertir en un excellent engrais, en la répandant dans les cours de la ferme, principalement sur le passage des bestiaux, et en l'y laissant séjourner assez de temps pour qu'elle pût s'imprégner convenablement de tout ce qu'ils y déposent. On en tirerait ainsi un parti très-productif.

Du reste, la paille n'est pas la seule substance qui puisse faire de la litière. On emploie encore pour en obtenir des herbes de marais, de mauvais fourrages et même des feuilles d'arbres ; néanmoins, dans ce dernier cas, la décomposition s'opère lentement, et il faut, par conséquent, attendre long-temps pour pouvoir se servir avec fruit du fumier formé de cette manière.

On pourrait aussi, au besoin, confectionner de la litière avec de la terre ou du sable ; cela vaudrait toujours mieux que de laisser reposer les animaux sur le sol nu, et de plus on se procurerait en même temps une bonne matière fertilisante.

Il va sans dire que, pour la santé des animaux, on ne saurait enlever trop souvent leur litière ; mais bien que cette considération soit très-importante, il ne faut pas la faire dominer au point de lui sacrifier complètement les avantages d'obtenir du bon fumier. On devra donc adopter un moyen terme, c'est-à-dire concilier les principes hygiéniques avec les procédés tendant à produire de la litière réunissant les qualités constitutives d'une fumure substantielle.

Ainsi, il sera bien, selon nous, de ne procéder au curage des bergeries que tous les deux mois, pourvu qu'on ait soin de mettre au moins trois fois par semaine une nouvelle couche de litière sur l'ancienne.

Mais à l'égard de tous les autres bestiaux, il faudra curer leurs étables et écuries toutes les semaines, en ayant la précaution toutefois d'y répandre chaque jour de la litière fraîche. Ce curage devra être plus fréquent lorsque les animaux seront à l'engrais ou soumis à la nourriture verte à l'étable, car alors leurs déjections seront très-considérables.

Le mode dont nous venons de parler est, d'ailleurs, celui que nous-même suivons depuis quinze ans; nous sommes donc parfaitement à même de l'apprécier. Constamment nous en avons recueilli d'excellents résultats, car toujours nos bestiaux ont joui d'une admirable santé, et nos fumiers ont été préparés à notre entière satisfaction.

ART. 4.

Des abreuvoirs pour le bétail.

Un objet d'une utilité grande, nous dirons même d'une indispensabilité absolue, en agriculture, c'est un abreuvoir convenable pour le bétail. Malheureusement, on néglige beaucoup cet objet, et on est péniblement surpris lorsqu'on voit ses animaux décimés par les affections charbonneuses, typhoïdes et autres aussi redoutables qui résultent de l'usage prolongé d'une eau malsaine, souvent croupie, et renfermant conséquemment les éléments les plus morbifiques.

Nous ne saurions donc conseiller, avec trop d'instances, l'emploi d'abreuvoirs plus en harmonie avec la santé du bétail.

Mais, nous répondra-t-on, il n'est pas toujours facile de se procurer cet avantage.

Nous reconnaissons que, jusqu'à un certain point, cette objection est fondée; mais les difficultés dont on se préoccupe ne sont pas complètement insurmontables, ainsi que nous allons l'établir.

Et d'abord, dans toutes les localités où l'on est favorisé d'une eau courante, rien de si aisé que de créer un abreuvoir qui réunisse toutes les conditions possibles de commodité et d'assainissement. Inutile, par conséquent, de s'occuper d'instructions à cet égard.

Quant aux endroits où cette ressource manque,

De deux choses l'une :

Ou le sol a assez de consistance pour retenir les eaux pluviales,

Ou sa perméabilité est telle qu'il les absorbe à peu de chose près, à mesure qu'elles arrivent.

Dans le premier cas, on creuse, en forme de parallélogramme, le terrain en pente douce jusqu'à ce qu'on soit arrivé à une profondeur de trois mètres au moins ; on donne aux côtés de cette encavation une légère pente, de manière à en prévenir l'éboulement. On en pave ensuite le fond et les abords avec des cailloux ou des pierres cassées, de la grosseur d'une noix ; puis on répand sur ce pavé un lit de sable de l'épaisseur de deux ou trois centimètres ; celui de nature rougeâtre convient mieux pour cet usage que quelque autre que ce soit. Aux premières pluies un peu fortes qui surviennent, l'abreuvoir ainsi conditionné s'emplit et l'eau surabondante s'écoule par une petite tranchée pratiquée du côté de la pente du terrain qui entoure l'abreuvoir. Il se produit ainsi un renouvellement de liquide, faible à la vérité, mais suffisant pour en empêcher la putréfaction.

Dans le second cas, celui où le sol a l'inconvénient d'absorber l'eau, on procède absolument comme dans le cas précédent, si ce n'est que, sur la surface latérale et au fond du trou, on étend, dans une épaisseur de trois ou quatre centimètres, une couche de chaux éteinte, qu'on humecte légèrement et sur laquelle on met de l'argile de l'épaisseur de quinze centimètres, qu'on bat de manière à ce qu'elle acquière une grande dureté. Il faut encore avoir le soin de boucher exactement les plus légères fissures qui s'y montrent.

Ajoutons que les abreuvoirs doivent être disposés de telle sorte que les égoûts des fumiers, ou autres de nature aussi peu saine, ne puissent s'y écouler.

Avec les précautions que nous venons d'indiquer, et en opérant les curages nécessaires, il est rare que les abreuvoirs se tarissent complètement et que l'eau en occasionne les accidents que nous cherchons à prévenir.

Si l'on s'apercevait que, parmi les animaux, il en est qui s'abreuvent d'eau corrompue, il faudrait les empêcher de se livrer à ce goût dépravé qui, entre autres pernicieux effets, produit celui de déterminer les avortements.

Il est, en outre, fort essentiel que les bestiaux ne soient point conduits à l'abreuvoir immédiatement après leur travail, surtout s'il vient d'être laborieux ; car de la négligence de cette précaution résultent souvent des irritations et inflammations fort dangereuses.

Faire baigner trop fréquemment les chevaux a aussi un grave inconvénient : celui de dessécher la corne de leurs pieds, de la rendre cassante et d'ébranler leurs fers.

ART. 5.

De la manière la plus convenable de traiter et de soigner les bœufs.

Buffon, notre célèbre naturaliste, a dit ceci : « Le bœuf
» est un animal par excellence, il fait toute la force de l'agri-
» culteur ; il est le domestique le plus utile de la ferme. »

C'est donc bien le moins que nous consacrions spécialement un article à un aussi précieux auxiliaire de nos travaux champêtres.

En prenant ces animaux dès l'âge de deux ans, nous
dirons que c'est à cette époque qu'il convient de commencer
à les dresser ; car si on attendait plus tard, on ne parviendrait que très-difficilement à un bon résultat sur ce point.
Ajoutons qu'à cet égard il faut beaucoup de patience et de
douceur, et surtout éviter d'employer l'aiguillon. On les
accoutumera ensuite peu à peu au travail.

Afin de s'en rendre maître commodément, on fera bien
de les lier, pendant quelque temps, avec d'autres bœufs
tout dressés.

Quand ces animaux ont atteint l'âge de sept ou huit ans,
il convient de les engraisser ; plus tard, cette opération se
prolongerait davantage, et leur chair serait moins délicate.

Lorsque la température est élevée, il faut diviser les travaux exécutés par les bœufs en deux attelées, en raison

de ce qu'ils craignent beaucoup la chaleur, et qu'elle pourrait avoir pour eux les conséquences les plus fâcheuses.

Lorsqu'un bœuf travaille, il faut s'attacher à le nourrir copieusement et avec de bons fourrages ; mais s'il ne fait rien, on peut le nourrir presque exclusivement de paille.

Le choix d'un bon bouvier est chose importante pour la santé de ces utiles animaux.

En général, les étables des bœufs sont trop chaudes. Il faut donc les aérer autant que possible. Toutefois, lorsqu'ils reviennent des champs, on doit faire en sorte qu'ils ne soient point exposés à un courant d'air.

Leur administrer de la nourriture verte, pendant quelques mois de l'année, est une excellente pratique ; mais il faut avoir bien soin de ne passer que graduellement du fourrage sec à ce genre de nourriture, et *vice versa*.

Lorsqu'un bœuf cesse de manger et ne rumine plus, c'est qu'il est malade ; il convient alors de s'abstenir de l'occuper ; souvent ce seul moyen, joint à la diète, suffit pour opérer la guérison.

Une condition essentielle de la santé des bœufs est la propreté ; on doit donc nettoyer exactement leurs auges et curer fréquemment leurs étables.

Une eau salubre leur est aussi indispensable ; il ne faut cependant pas qu'elle soit trop fraîche, surtout lorsqu'ils reviennent du travail.

L'eau croupie des mares semble être de leur goût, mais

elle leur est très-pernicieuse ; ce qui fait qu'ils la recherchent, c'est le sel qu'elle contient ; sous ce rapport, il est
facile de les satisfaire sans nuire à leur santé, en leur
donnant cet utile condiment à l'étable. Il est pour eux, du
reste, un excellent apéritif.

Tous ces détails paraîtront puérils à beaucoup d'agriculteurs, nous le savons ; mais en présence de l'inobservation
si fréquente des règles dont nous venons de parler, nous
avons pensé qu'il était de notre devoir de les rappeler ici..

ART. 6.

De l'engraissement des animaux de l'espèce bovine.

L'engraissement des animaux de l'espèce bovine constituant l'une des branches les plus importantes de l'économie
rurale, nous ne saurions passer ce sujet sous silence.

N'essayons jamais d'engraisser un animal de cette espèce
lorsqu'il est fort maigre et déjà vieux ; car, réussirions-nous
dans cette entreprise, ce qui est rare, nous n'en serions
pas moins, attendu sa longueur extrême et la quantité
énorme d'aliments qu'elle exige, constitués en perte considérable.

Quelque bien conformé que soit l'animal qu'on veut
engraisser, s'il est trop jeune, on parvient assez vite, il est
vrai, à lui donner de l'embonpoint ; mais il est excessive-

ment difficile de le faire arriver à l'état de fin gras. Pour obtenir ce degré d'engraissement sans trop de dépense, il faut que les animaux soient parvenus à leur entier développement ; car, à cette phase de leur vie, l'assimilation alimentaire se fait avec toute la perfection désirable.

Les veaux, bien entendu, sont exceptés de cette règle. Lorsqu'on veut les engraisser, il faut les laisser téter abondamment ; et, si le lait de leur mère est insuffisant, on doit leur donner celui d'une autre vache dès qu'il sera tiré, et y joindre un peu de farine. Il est bien de leur mettre, de temps en temps, dans la bouche une pincée de sel fin et, pour achever leur engraissement, de leur faire manger des œufs crus.

S'agit-il d'engraisser des bœufs ou des vaches ? Il y a quatre méthodes principales pour y parvenir :

La première, en les mettant au vert dans de bons pâturages. On doit commencer ce genre d'engraissement lorsque l'herbe a quatre ou cinq centimètres de hauteur, et réserver les pâtures de qualité supérieure et bien fournies pour le moment où les animaux sont accoutumés à la nourriture verte.

Du reste, pour éviter les accidents pouvant résulter d'un changement trop prompt d'aliments, il est prudent d'associer au vert, dans le commencement, des fourrages secs.

La deuxième méthode d'engraissement des bœufs et des vaches consiste à les maintenir constamment à l'étable en leur donnant exclusivement des fourrages verts, principalement du trèfle et de la luzerne ; mais, pour éviter les accidents météoriques qui pourraient se produire par ce genre de stabulation, il faut avoir soin, ainsi que nous l'avons déjà recommandé, de couper ces fourrages dès la veille, à moins que le ray-grass n'y soit mêlé en forte proportion, auquel cas la météorisation de la panse n'est plus à craindre.

Dans la troisième méthode, on les nourrit, partie au paturage, et partie à l'étable. On commence par leur donner du foin sec ; puis, lors de la pousse des premières herbes, on les envoie dans les pacages, mais seulement après la rosée. Ce n'est que quand le mois de juin est arrivé qu'on doit les laisser nuit et jour au pâturage.

Quelques-uns s'engraissent ainsi complètement. Quant aux autres, on les remet à l'écurie à la fin d'octobre ; là, on leur donne des raves, des betteraves ou des carottes et du foin ; et, un peu plus tard, pour compléter leur engraissement, on leur fait manger de la farine de seigle ou d'orge.

Dans la quatrième méthode, on nourrit ces animaux exclusivement à l'étable, avec du fourrage sec, auquel on associe, avec avantage, des racines de toutes sortes, des résidus de féculerie et de distillerie ou des drèches de brasseries, puis on termine par les tourteaux, les grains et les farineux.

Dans les deux dernières méthodes dont nous venons de parler, on doit donner fréquemment aux animaux des breuvages d'eau blanche, c'est-à-dire mêlée avec de la farine ; et, si l'on s'apercevait que leur appétit diminuât, il faudrait leur faire faire un usage modéré du sel, qui, comme nous l'avons dit plus haut, est un excellent apéritif.

Enfin, une condition essentielle d'un prompt engraissement est le calme et la tranquillité des animaux. Ceux qui restent à l'écurie doivent être étrillés avec soin, et toujours pourvus d'une copieuse litière, fréquemment renouvelée. Il est aussi indispensable que la nourriture leur soit distribuée avec une parfaite régularité et sans parcimonie.

ART. 7.

De quelques considérations sur la race porcine.

Une partie de l'économie rurale, généralement négligée, est celle qui s'applique aux porcs. Cependant, bien comprise et convenablement mise en œuvre, elle est susceptible de procurer, non pas de grands profits, mais au moins des bénéfices qui indemnisent suffisamment de la peine qu'on s'est donnée et des dépenses qu'on a faites pour cet objet.

Si un tel résultat est rarement atteint, c'est parce que, d'une part, on ne se préoccupe pas assez du choix des races de cet utile animal, et que, d'autre part, la manière dont on le traite est peu rationnelle.

Il est donc essentiel, à l'égard de ces animaux, de s'attacher aux bonnes espèces, et de suivre les procédés hygiéniques enseignés par le raisonnement et par l'expérience. En marchant dans cette voie, on obtiendra toujours une complète réussite.

Ceci posé, nous allons essayer de tracer les principales règles de traitement qu'on doit appliquer aux porcs; mais auparavant, nous conseillerons de n'en avoir, dans l'exploitation qu'on dirige, que le nombre qu'on peut y nourrir avec les ressources qu'elle comporte, sans être obligé de recourir à des achats toujours trop onéreux, et dont on n'est presque jamais indemnisé.

On a remarqué d'ailleurs que plus la réunion de ces animaux est considérable, moins leur accroissement est prompt. Ainsi, en petite quantité, ils procurent proportionnellement beaucoup plus de bénéfice qu'en grand nombre.

Il faut éviter de mettre ensemble des porcs lorsqu'ils ne sont pas à peu près de la même force ; car, à chaque distribution de nourriture, les plus gros, pour s'approprier exclusivement l'alimentation commune, cherchent à éloigner les plus faibles, de sorte que ces derniers, fréquemment battus et très-peu repus, ne profitent qu'avec une extrême lenteur, et dépérissent même quelquefois.

Parlons maintenant des soins à donner aux porcs :

Leurs étables doivent être suffisamment aérées et assez spacieuses pour qu'ils n'y soient point gênés et puissent s'y étendre commodément. Il est nécessaire qu'elles soient pavées en pierres bien ajustées, ou qu'elles soient garnies de fortes planches, afin d'en laisser aisément écouler les liquides. Il est indispensable de les curer et d'y mettre souvent de la litière.

Une méthode excellente, mais peu suivie, sans doute à cause du temps qu'exige son emploi, est celle d'étriller et de brosser les porcs ; mise en pratique, elle contribue singulièrement à entretenir ces animaux en bonne santé et à hâter leur croissance et leur engraissement.

Les glands, le trèfle, la luzerne, les pommes de terre, les carottes, les betteraves, les pois, les farines de toute espèce, les résidus de laitage et de boucherie et les marcs de graines huileuses, sont les aliments qui conviennent le mieux aux porcs, principalement ceux qu'on veut engraisser.

Les racines produisent un effet bien plus sensible lorsqu'elles sont cuites et mélangées avec de la farine ou simplement avec du son, que lorsqu'on les fait consommer sans les soumettre à cette préparation.

Quand l'appétit des porcs paraît diminuer, il faut varier leurs aliments et y répandre un peu de sel. Il est rare que ce moyen n'ait pas une complète réussite.

Enfin, nous ne terminerons pas cet article sans faire remarquer que le fumier des cochons est très-excitatif, qu'il a une action des plus puissantes sur la végétation des plantes, et que c'est bien à tort conséquemment qu'il est déprisé par beaucoup de cultivateurs.

ART. 8.

De l'engraissement des porcs.

Engraisser les porcs est en général assez facile ; mais on ne parvient souvent à ce résultat qu'après un long temps et des dépenses considérables, en sorte que, loin de procurer des bénéfices à ceux qui l'obtiennent, il les constitue en perte.

Essayons donc de tracer ici les quelques règles principales dont l'application nous semble un préservatif de l'inconvénient que nous venons de signaler :

Les porcs qu'on veut engraisser doivent avoir atteint à peu près tout leur développement en hauteur, être sains et en bon état.

Il faut avoir le soin de placer séparément ceux qui ne sont pas de la même force ou qui sont trop turbulents.

Les étables des porcs doivent être tenues très-propres et la litière fréquemment renouvelée, ce qui est malheureusement peu mis en usage.

Il faut aussi que leurs auges soient souvent lavées.

On doit, le plus possible, varier les aliments qu'on leur donne, en commençant d'abord par celui qui leur plaît le moins et en arrivant successivement et par gradation à celui dont ils sont le plus friands. Il est évident que plus la consommation alimentaire de ces animaux sera considérable, plus ils marcheront vite à l'engraissement. Donc, tout moyen par lequel on parviendra à augmenter leur appétit devra être employé ; le sel, par exemple, convient admirablement à cet effet et facilite singulièrement l'assimilation alimentaire.

Il y a un grand nombre de substances propres à l'engraissement des porcs ; comme nous l'avons dit dans l'article précédent, les principales sont les pommes de terre, les betteraves, les grains, les carottes, les déchets de boulangerie, de brasserie, de bière, d'eau-de-vie, d'amidon et de laiterie.

Pour que les racines produisent un bon effet, il faut les faire cuire et ensuite les écraser ; leur mélange, en cet état, avec de la farine, constitue une excellente préparation.

Les fèves, les pois, les vesces, soumis à ce même procédé, opèrent promptement l'engraissement des porcs ; mais, si on veut leur donner de ces légumes, il ne faut pas leur avoir fait manger de grains auparavant, ou autrement ils les rejetteraient, et ce ne serait qu'avec peine et en les mélangeant avec la farine de céréales qu'on parviendrait à y habituer ces animaux. Il en résulterait donc un retard dans leur engraissement.

Le pain confectionné avec de la farine grossière engraisse parfaitement les cochons, pourvu qu'on le fasse sécher au four après l'avoir rompu, et qu'on le trempe ensuite dans l'eau de manière à le convertir en bouillie. Si l'on y ajoute du lait aigri ou du petit lait, on obtient alors là nourriture par excellence de l'engraissement.

Les saisons les plus favorables pour engraisser ces animaux sont le printemps et l'automne. On peut aussi, mais avec moins de chance de succès, y procéder en été et en hiver. On doit faire baigner souvent les porcs pendant les fortes chaleurs et les tenir chaudement durant les grands froids.

ART. 9.

De l'importance des bêtes ovines en agriculture.

L'un des principaux obstacles à l'amélioration active du sol est, sans contredit, le défaut d'une suffisante quantité de fumier. Généralement aussi, il faut en convenir, on ne fait pas assez d'efforts pour se procurer cet agent si précieux ; cependant, presque dans tout notre territoire, il y a des moyens très-praticables d'en obtenir abondamment.

Le meilleur de ces moyens est, incontestablement, l'entretien d'un troupeau de bêtes à laine ; il y a même certaines contrées où cette pratique est la seule manière de tirer parti d'herbages trop faibles pour nourrir d'autres bestiaux, mais suffisants néanmoins pour les moutons.

Indépendamment des masses énormes d'un excellent engrais, les bêtes ovines donnent, par leurs laines et leur croît, un produit considérable ; mais la condition d'un succès complet à leur égard est la culture des plantes fourragères, dans une proportion telle, qu'on puisse les administrer copieusement à ces animaux pendant la saison où on est obligé de les laisser à l'étable. Ce genre de nourriture allié au fourrage sec convient admirablement à leur santé, et augmente beaucoup la qualité et la quantité du fumier.

Tels sont les résultats avantageux produits par les bêtes ovines que c'est principalement à elles que les Anglais doivent une grande partie de leurs richesses et de leur puissance ; car, tirant un grand profit des laines qu'ils en obtiennent, ils ont pu donner ainsi un développement immense à un nombre considérable d'autres industries. D'un autre côté, la multiplication de leurs troupeaux a amené l'extension de leurs cultures fourragères sur une vaste échelle, et ils ont de la sorte créé et perfectionné des assolements qui sont venus, dans une large proportion, augmenter les sources de leur prospérité nationale.

Que n'imitons-nous donc d'aussi habiles voisins ? Nous le pourrions parfaitement, surtout si les producteurs étaient, aussi efficacement qu'en Angleterre, protégés par le gouvernement contre la concurrence étrangère ; car cette protection est à peu près tout le secret de la supériorité de l'agriculture anglaise sur la nôtre.

Le choix des espèces de bêtes ovines est fort essentiel. Il

est donc d'une économie mal entendue de regarder au surcroît de dépenses qu'il occasionne. Sous ce rapport, ce sont
encore les Anglais que nous devrions prendre pour modèles;
car ils ne reculent devant aucun sacrifice pour se procurer
des espèces remarquables d'excellents béliers. Quelque énormes que paraissent les sommes qu'ils y appliquent, elles sont
bientôt couvertes par les bénéfices qu'ils en retirent.

Ainsi, efforçons-nous donc d'avoir dans nos métairies des
bêtes à laine, le plus possible et en bonnes espèces; traitons-
les comme nos meilleures machines à fumier; ne leur épar-
gnons ni la nourriture ni la litière; entourons-les de tous les
soins hygiéniques prescrits; cultivons pour leur usage beaucoup de plantes fourragères; et, tout en obtenant ainsi de
beaux bénéfices, nous augmenterons considérablement les
produits de nos exploitations agricoles.

ART. 10.

De l'engraissement des moutons et des agneaux.

L'engraissement des moutons et des agneaux est à la portée d'un bien plus grand nombre de cultivateurs que celui
des animaux de l'espèce bovine, et présente plus d'avantages lorsqu'il s'accomplit intelligemment.

Aussi allons-nous nous livrer à quelques appréciations
sur cet objet.

Pour engraisser fructueusement des moutons, il faut qu'ils aient deux ou trois ans, et qu'on les prépare en leur faisant parcourir les prairies fauchées et les champs dépouillés de leur moisson. Puis, lorsqu'à l'approche de l'hiver, l'herbe commence à devenir rare, on doit les retirer de ces héritages, et les mettre dans des bergeries, où on les nourrit avec des carottes, des betteraves, des navets, des choux et du fourrage sec. Si l'on veut accélérer l'engraissement et que les animaux soient susceptibles d'atteindre un prix élevé, on ajoute à ces substances de l'avoine ou de la farine d'orge.

Pour augmenter l'appétit des moutons soumis à l'engraissement, on doit, outre l'usage du sel, varier leurs aliments, de manière à ce que ceux qui leur plaisent le plus leur soient distribués les derniers. Cette règle, d'ailleurs, s'applique à tous les animaux qu'on veut engraisser et de quelque espèce qu'ils soient.

On engraisse aussi très-bien les moutons avec du sainfoin, des trèfles ou de la luzerne; mais lorsque ces deux dernières espèces sont données en vert, il faut avoir soin, pour être à l'abri de la météorisation qu'elles produisent si fréquemment, de ne s'en servir que le lendemain du jour où elles auront été coupées.

L'engraissement des moutons peut aussi évidemment avoir lieu dans les pâturages; mais il est préférable, à cause du fumier précieux produit par ces animaux, de les engraisser dans des bergeries, si les circonstances le permettent.

De quelque manière qu'ait lieu cet engraissement, il est fort essentiel que la nourriture soit abondante ; on en donnera donc, dans tous les cas, aux moutons, autant qu'ils pourront en consommer, et on arrivera de la sorte au but proposé beaucoup plus vite, et avec moins de dépenses, qu'en agissant avec parcimonie.

Si ce sont des agneaux qu'on veut engraisser, il faut faire en sorte de les obtenir au commencement de l'année, afin qu'ils aient le temps de devenir gras au mois de mars ou d'avril, époque à laquelle ils se vendent ordinairement un bon prix.

De la quantité et de la qualité du lait de leurs mères dépendent la facilité et la rapidité de leur engraissement. Il y aura donc lieu de s'attacher à nourrir celles-ci avec des aliments lactifères, tels que le fourrage succulent, les carottes, les raves, les betteraves et autres racines.

Lorsque le lait des brebis aura diminué et qu'il se trouvera insuffisant pour la nourriture de leurs agneaux, on mettra ceux-ci dans des pâturages hâtifs, composés principalement de trèfle ou de ray-grass, ou bien on leur donnera, dans la bergerie, du foin tendre et un peu de son, ou mieux de la farine d'orge.

ART. 11.

De la meilleure méthode d'établir et de soigner les bergeries.

Généralement les bergeries sont construites et gouvernées en dehors des principes hygiéniques ; aussi peut-on affirmer que, de cette cause, découle une foule de maladies pour la race ovine, dont elle serait exempte si l'on prenait les précautions convenables.

La respiration d'un air non vicié est une condition essentielle de la santé du bétail et principalement des bêtes à laine. C'est donc à tort que, dans beaucoup de métairies, on se sert pour les brebis et les moutons de réduits bas, étroits et clos presque hermétiquement.

Une bonne bergerie est celle qui est à l'abri des intempéries, qui contient suffisamment d'espace, est élevée à une hauteur de quatre mètres au moins et qui se trouve établie dans un endroit sain.

Il faut de plus qu'elle ait des ouvertures en nombre proportionné à son étendue et qu'on puisse boucher à volonté. Il est prudent de garnir ces ouvertures de barreaux ou grillages en fer, afin d'empêcher les loups de s'y introduire.

Toutefois, certaines bergeries n'ont besoin, sauf la porte, d'aucune ouverture : ce sont celles édifiées en planches,

entre lesquelles on a laissé des interstices de quelques centimètres.

Les bergeries doivent être entourées de râteliers, sous
lesquels il est nécessaire de placer de petites auges, afin
d'éviter toute perte de fourrage.

Il est d'une bonne méthode de faire des planchers aux
bergeries, pour y placer les fourrages destinés aux moutons,
qu'on leur administre ensuite par des trappes disposées au-
dessus des râteliers.

Une bergerie étant un moyen de se procurer abondamment d'excellent fumier, on doit y mettre fréquemment
de la litière, ce qui, du reste, contribue à maintenir la
santé des animaux.

Quant au curage des bergeries, si l'on tarde trop à y
procéder, il se dégage des matières accumulées par suite
de cette négligence une forte odeur d'ammoniaque qui est
loin d'être saine. Si, au contraire, on opère souvent ce
curage, le fumier ne peut se faire. Il faut donc s'arranger
de manière à éviter l'un et l'autre de ces inconvénients, et
l'on y parviendra facilement avec un peu d'observation.

Dès que le fumier est enlevé de la bergerie, on doit la
faire balayer et lui donner le plus d'air possible, ensuite on
y étend une épaisse litière.

ART. 12.

De l'emploi du sel en agriculture.

Le sel, d'un haut intérêt pour les cultivateurs, ne semble cependant pas ainsi apprécié par un grand nombre d'entre eux, qui en négligent totalement l'usage pour leurs bestiaux, les uns par une économie assurément fort mal entendue, les autres parce qu'ils n'ont pas confiance en son efficacité. Il s'agit donc de démontrer à ces mauvais économistes et à ces incrédules combien leur raisonnement est peu fondé, et partant, de les amener à employer désormais pour leurs animaux une substance aussi utile que celle dont nous nous occupons.

Et d'abord, envisagé sous le rapport économique, le sel ne saurait être qu'une bien légère charge pour l'exploitation rurale où on l'applique au bétail. Ainsi, en en supposant une consommation annuelle de cent kilogrammes, on aura dépensé la faible somme de vingt francs, et encore admettons-nous l'hypothèse d'une grosse métairie. Il est évident qu'il serait dérisoire de s'arrêter sur ce point à une considération d'épargne.

Ensuite, considéré au point de vue des avantages qu'il est susceptible de procurer à l'agriculture, on est amené à reconnaître que le sel est un puissant apéritif pour les bestiaux, et que, par cela même qu'il les excite à manger, il favorise singulièrement leur engraissement. Que, de plus, il leur fait accueillir, non-seulement sans répugnance, mais encore avec un plaisir marqué, des fourrages que, sans son addition, ils rejetteraient. Le sel a, en outre, incontestablement des propriétés médicamenteuses, et comme tel, il est d'un grand secours à l'hygiène vétérinaire. Cela est si vrai, qu'en diverses circonstances et en temps d'épidémie, on a vu atteindre, dans de grandes proportions, les bestiaux des fermes où l'on ne faisait point pour eux usage du sel, tandis que dans les exploitations voisines soumises aux mêmes influences atmosphériques, mais où l'on employait cette substance, le fléau n'a point fait invasion. De pareils faits ne sauraient être trop répandus, car ils témoignent, plus que tout ce qu'on pourrait dire, de la vertu du sel sur les animaux.

Quant à la manière de le leur administrer, elle est très-simple :

S'il s'agit de racines, on les saupoudre de cette substance dans la mangeoire ;

Si ce sont d'autres fourrages, on les humecte légèrement d'eau, qu'on doit toujours avoir, à cet effet, préparée ainsi à l'avance dans un tonneau, et dans laquelle on fait dissoudre du sel.

C'est de cette manière qu'on parvient à faire manger, avec profit et sans danger pour le bétail, du foin avarié ou de mauvais goût, pourvu qu'il n'ait point été récolté vaseux ou que, s'il a éprouvé cette avarie, on en ait, en grande partie, atténué les effets par le battage.

Il existe encore une autre mode de faire consommer du sel par les bestiaux : c'est de le disposer dans de petits sachets de toile, qu'on suspend à leur portée, de manière à ce qu'ils puissent y passer leur langue à volonté. Ce procédé est surtout appliqué avec succès dans les bergeries.

On a bien aussi essayé de faire servir le sel comme stimulant des terres ; mais les résultats qu'on en a obtenus, sous ce rapport, ne nous paraissent point assez avantageux pour en conseiller ainsi l'emploi ; et il y a certainement lieu, dans ce cas, de lui préférer le plâtre ou la cendre.

CHAPITRE VIII.

———

SOMMAIRE.

———◆———

ART. 1er.

De la meilleure méthode de soigner et d'employer les fumiers.

Il est malheureusement constant que beaucoup de cultivateurs apportent une très-grande incurie, soit dans la manière de soigner leurs fumiers, soit dans l'emploi qu'ils en font. C'est là une faute grave ; car le fumier, sans lequel bon nombre de champs resteraient improductifs, mérite bien, à raison de son immense utilité, quelque sollicitude.

Aussi croyons-nous devoir consacrer à cet objet le présent article.

Examinons d'abord la théorie de l'action du fumier.

Pendant la phase de sa décomposition, que hâte un certain degré d'humidité, il produit de la chaleur, dégage ou dissout plusieurs nouvelles combinaisons et exhale de l'acide carbonique, si nécessaire à la végétation des plantes; car, comme à tout être animé, il faut de la nourriture à ces dernières. Le fumier est donc pour elles un aliment par excellence, et elles s'assimilent, avec une grande puissance, les produits solubles ou volatils qui résultent de sa désorganisation.

Cet engrais peut être ainsi classé : celui dont la fermentation commence à peine, et celui dont la décomposition est avancée. Le premier, outre son action végétative, produit une division très-utile sur les terres grasses, fortes et argileuses; le second convient mieux, par le motif contraire aux sols légers et sablonneux.

Venons-en maintenant aux soins à donner au fumier et à la manière de l'employer.

Au lieu de le laisser séjourner dans les cours des métairies en tas informes, et de lui faire perdre ainsi par les émanations, écoulements et infiltrations, une partie importante de ses principes fertilisants, on doit, à mesure qu'on le retire des écuries, le transporter dans les champs auxquels on le destine, et, autant que faire se peut, sur les parties supérieures. Là, on le dispose en forme régulière, et lorsqu'il s'en trouve réuni une certaine quantité, on le couvre, dans une épaisseur de quelques centimètres, avec de la terre prise autour de ce dépôt, de manière à former une petite fosse de quinze à vingt centimètres cubes. Par ce moyen, on évite les inconvénients plus haut signalés, et, s'il arrive que la tranchée ainsi pratiquée soit insuffisante pour retenir les égouts qui s'échappent du monceau de fumier, le liquide fertilisant n'est pas perdu pour cela, puisqu'il s'écoule dans les parties inférieures de l'héritage, qui s'en imprègnent de façon à en prévenir la moindre déperdition.

Outre les avantages que nous venons d'énumérer, la méthode que nous conseillons permet, lorsque le temps en est venu, de répartir le fumier dans le champ avec une grande rapidité. On s'évite ainsi la chance fâcheuse d'être surpris pendant cette opération par des pluies souvent très-fortes qui en amènent l'interruption, ou bien qui, si l'on persiste, dans ce cas, à la continuer, détrempent le terrain de telle sorte, que les attelages occupés du transport du fumier se fatiguent considérablement, s'enfoncent dans le sol et y laissent de profondes ornières.

Ajoutons que notre méthode a encore cela d'excellent que, par son application, elle peut préserver les habitants des métairies des fièvres endémiques, typhoïdes et autres de ce genre résultant des exhalaisons méphytiques qui s'échappent des tas de fumier déposés près des habitations, dont les parties constitutives sont constamment en voie de fermentation.

On fera sans doute à cette méthode le reproche d'augmenter le nombre des voitures transportant le fumier des écuries aux champs, puisqu'il est évident que le poids et le volume des fumiers sont moins considérables après qu'ils ont éprouvé une certaine décomposition qu'auparavant. Nous répondrons simplement à cette objection que le léger surcroît de travail dont il s'agit reçoit à peu près sa compensation, en ce sens que le fumier étant, d'après ce mode, chargé sur les véhicules, à mesure qu'on le retire des étables, on épargne ainsi le temps qu'aurait exigé son transport dans la cour de la ferme.

Après que cet engrais a été réparti sur le sol aussi également que possible, dans des proportions qui varient de vingt-cinq à cinquante mètres cubes par hectare, selon son espèce et la nature de la terre, on l'épand et on l'enterre sans tarder, afin de lui conserver tous ses sucs.

Nous terminerons notre article par cette remarque utile, que l'une des conditions essentielles du succès que procurent en général tous les engrais, est l'existence dans le sol des principes susceptibles de saturer les acides, et que la chaux remplit au plus haut degré cette condition dans les terrains non calcaires.

ART. 2.

De la nature, de la qualité et de la préparation des semences.

Ce n'est pas le tout que de faire des semailles dans les conditions voulues, il faut encore que les grains qu'on y emploie soient de bonne qualité et subissent une préparation convenable ; car, sans cela, il ne saurait y avoir qu'une emblavure imparfaite.

On doit donc s'attacher à se procurer des semences les mieux appropriées au terrain auquel on les destine, bien nourries et purgées de graines étrangères.

On a prétendu, et beaucoup de cultivateurs qui, sans doute, n'ont pas cherché à établir de point de comparaison, soutiennent encore aujourd'hui, que les grains petits ou retraits sont tout aussi propres que les gros à servir de semence. Cette assertion, d'ailleurs, contraire aux lois de la physique végétale, constitue une profonde erreur qu'il importe de chercher à dissiper. En effet, il en est du renouvellement des plantes comme de la reproduction des animaux. Les récoltes qu'on en obtient ont une corrélation intime avec leurs types, et ce n'est qu'exceptionnellement et par un concours de circonstances particulières qu'on voit arriver le contraire. Donc, en semant des grains bien nourris, on aura certainement de plus beaux produits que si l'on n'avait pas observé cette condition. Bien que nous fussions à peu près convaincu à l'avance qu'il ne pouvait en être autrement, nous avons cru devoir nous livrer sur ce point à de nombreuses expériences, et nos prévisions à cet égard ont toujours été pleinement confirmées.

Quoique les céréales récoltées depuis deux ans et plus soient susceptibles de végétation, et conséquemment de se reproduire, nous ne conseillons pas de les employer pour semence; il faut toujours, à moins de nécessité absolue, faire servir à cet usage les grains obtenus dans l'année même.

Quant à la quantité de la semence, elle varie nécessairement selon la préparation du sol, sa qualité et l'état atmosphérique. Il est aisé à tout cultivateur intelligent de se diriger d'après ces données. Dans le doute, il devra plutôt s'exposer à semer trop épais que de tomber dans l'excès opposé.

Remarquons bien que les semences de toutes les céréales doivent être immergées dans l'eau de chaux avant d'être répandues, cette précaution, en effet, les préserve de beaucoup de maladies.

Le renouvellement des semences n'est utile que lorsqu'à des espèces inférieures on veut en substituer de meilleures, ou que celles qu'on possède sont salies par les graines des mauvaises herbes. Hormis ces cas, il n'y a nul avantage; bien plus, il pourrait y avoir danger à changer ses semences;

on risquerait ainsi d'introduire dans ses héritages des plantes nuisibles qui jusque alors ne s'y seraient pas manifestées. Lors donc qu'on a des semences réunissant toutes les conditions désirables, on doit les conserver indéfiniment; et si on leur donne des soins constants, principalement en choisissant les grains les mieux fournis, on parviendra à faire acquérir à ces semences une rare perfection, et à en obtenir des produits de la plus grande beauté.

ART. 3.

Sur les labours des terres.

De tous les modes de labours, le plus avantageux est incontestablement, selon nous, celui à planches d'une largeur de six mètres; car dans un champ ainsi traité :

La semence se répartit aisément;

La fauche et le râtelage y sont faciles; on peut, par conséquent, y établir des prairies artificielles;

Le hersage et le roulage s'y font sans difficulté;

Les voitures y circulent commodément;

La fécondité est à peu près uniforme;

L'égouttement s'y opère parfaitement au moyen des raies qu'on pratique à cet effet dans tous les endroits en pente;

Enfin, les matières fertilisantes n'en sont que très-faiblement entraînées par les eaux.

Malgré tous ces avantages, nous voyons cependant beaucoup d'agriculteurs labourer leur terre en sillons de toutes dimensions. Il suffit qu'ils aient vu cet usage pratiqué par leurs pères pour qu'ils persistent à le suivre, en dépit de ses inconvénients et des bons exemples que leur donnent leurs voisins. Libre à eux, sans doute, d'agir ainsi ; mais aussi libre à nous de critiquer cette inintelligente routine.

Passons maintenant à l'examen des conditions constitutives d'un bon labour.

Elles consistent dans :

Le tracé de lignes bien droites ;

L'égalité des tranches, soit en largeur, soit en hauteur, et leur renversement complet,

Et la vidange parfaite de chaque sillon.

Ces conditions sont toutes essentielles au succès de la récolte. Il faut donc s'attacher à se procurer des laboureurs et des instruments qui les remplissent.

Les labours profonds ont aussi une grande influence sur la prospérité des récoltes ; toutefois, lorsque la terre végétale n'a qu'une légère épaisseur et que le sol qu'elle recouvre est d'une nature absolument stérile, il faut bien faire attention de ne pas le ramener à la surface, dans des proportions telles que la couche superficielle s'en trouve sensiblement altérée. Si l'on voulait augmenter l'épaisseur de cette couche, il faudrait y procéder peu à peu et y répandre quelques engrais.

ART. 4.

Du sarclage des terres.

Rien n'est mieux démontré que les excellents effets que produit sur les récoltes le sarclage des terres. Sous ce rapport, point d'incrédules : tous les cultivateurs, sans exception, apprécient les avantages que procure ce travail lorsqu'il est convenablement exécuté. D'où vient donc que beaucoup d'entre eux paraissent ne point mettre d'accord leurs convictions, à cet égard, avec leur manière d'agir, soit en ne cultivant presque pas de plantes sarclées, soit en ne donnant à celles qu'ils cultivent qu'un nombre insuffisant de façons ? Ce résultat tient principalement à la rareté des bras et à leur prix souvent élevé ; mais, disons-le, cette difficulté ne nous semble sérieuse que pour les cultivateurs qui, profondément routiniers, persistent à rejeter l'emploi des instruments perfectionnés qui viennent aujourd'hui si efficacement au secours de l'agriculture. Ainsi, adoptant la houe à cheval, ces cultivateurs sarcleraient autant de terres dans une journée que le feraient quinze ouvriers avec un instrument à main. Par ce moyen, ils arriveraient facilement et économiquement à cultiver en grand les plantes sarclées ; et les terres de leurs exploitations, alternativement soumises à un aussi utile procédé, se trouveraient, sans l'emploi de la coûteuse jachère, au bout d'une certaine période, tout en produisant de riches récoltes, parfaitement nettoyées des mauvaises herbes, et, dès-lors, en état de donner place à une agriculture florissante.

Convenons, toutefois, qu'après le passage de la houe à cheval, il est nécessaire, pour la perfection du sarclage, d'y employer des instruments à main ; mais alors cette opération, dont à la rigueur on pourrait s'abstenir, se trouve être très-expéditive, et ne cause, conséquemment, qu'une minime dépense.

Dût-on, d'ailleurs, faire exécuter le sarclage exclusivement à la main, il y aurait encore un bénéfice relativement important à accomplir ce travail. Pour s'en convaincre, qu'on veuille bien comparer le produit d'un hectare de terre qui n'aura pas été sarclé avec celui de semblable quantité et de même qualité qui aura reçu ce soin, et on verra que ce dernier hectare, les frais de sarclage déduits, rapportera bien davantage que ceux de l'autre partie.

Qu'on ne craigne pas, même dans ce cas de sarclage à la main, de manquer d'ouvriers. Ils abonderont toujours là où ils trouveront des travaux suffisamment rémunérateurs, et, au surplus, le genre d'occupation dont il s'agit leur procurant le moyen d'employer leurs femmes et leurs enfants, et d'accroître ainsi leur bien-être et celui de leur famille, ils le rechercheront de préférence à tout autre.

Pour être opéré convenablement, le sarclage est soumis à certains principes qu'on ne suit malheureusement pas toujours. Ainsi, outre une culture en lignes et en quinconces, il faut que les mauvaises herbes soient coupées assez profondément pour qu'elles ne puissent plus repousser, et qu'au moment où se fait cette opération le sol ne soit ni trop mou ni trop sec ; car, dans le premier cas, on arracherait nécessairement de bonnes plantes, et beaucoup de mauvaises, conservant à leurs racines une terre humide, continueraient leur végétation ; dans le second cas, on ne pourrait faire pénétrer assez l'instrument et on courrait de plus le risque, en remuant une terre brûlante, d'échauffer la récolte qui s'y trouverait et de lui porter de la sorte une grave atteinte.

Quel que soit l'état du sol, il ne faut jamais le sarcler lorsque la pluie tombe ou est sur le point de tomber ; car les racines des mauvaises herbes, collées par l'eau contre la terre, prennent pied de nouveau, et le travail exécuté dans une aussi désavantageuse position est, partant, à peu près inutile.

Afin que le sarclage se fasse commodément, on ne doit pas attendre que les végétaux qu'on veut détruire aient plus de huit ou dix centimètres de haut. Ce serait une très-grande faute de l'ajourner à la maturité des semences de ces végétaux, par cette double raison qu'il deviendrait plus dispendieux à opérer, et que les graines des mauvaises herbes, répandues sur le sol, procréeraient ainsi abondamment leur espèce.

ART. 5.

De la méthode la plus expéditive et la plus économique de détruire le chiendent, tout en l'employant à l'amélioration du sol où il se trouve.

Un fléau pour beaucoup d'agriculteurs, c'est l'existence du chiendent dans leurs champs. En effet, cette graminée végète avec une force telle, et est si vivace qu'en très-peu de temps elle a envahi un grand espace de terrain ; cela se conçoit si l'on fait attention que chaque nœud de ses nombreuses racines donne presque toujours naissance à un nouveau pied.

Les principes nutritifs contenus dans le sol étant ainsi en grande partie absorbés par cette plante pernicieuse, ne produisent pas à beaucoup près autant d'effet sur la récolte qui s'y trouve que si elle n'en était point infestée.

Il y a bien un moyen certain de détruire le chiendent : c'est de l'extirper exactement à la main avec ses radicules ; mais ce moyen n'est tout au plus applicable qu'aux jardins ; il ne saurait donc convenir à la culture rurale, à raison des longueurs et des dépenses qu'il nécessite, hors de proportion évidemment avec les résultats qu'il procure.

Occupons-nous donc de la description de procédés plus économiques et plus expéditifs en même temps.

Partant de cette règle incontestable que le chiendent ne peut exister dans une terre que l'on entretient bien meuble pendant les plus fortes chaleurs ou les plus grands froids de l'année, nous dirons que tout cultivateur, qui veut purger son terrain de cette graminée, doit le labourer un peu avant l'hiver, lui donner au printemps un autre labour et y planter ensuite des pommes de terre. Toutefois, si l'année a été jusque alors trop pluvieuse, il sera préférable de continuer la jachère jusqu'à l'automne, en lui adminis-trant, pendant la sécheresse, plusieurs labours et hersages. De cette manière, le chiendent, fréquemment ramené à la surface du sol, finit par se dessécher complètement et par périr.

Les nombreux détritus végétaux qui résultent d'un semblable traitement du sol, ont une action très-puissante sur lui; ils constituent un engrais des plus énergiques; c'est ce qui a fait dire au célèbre agronome Mathieu de Dombasle qu'un terrain infesté de chiendent contient un trésor dont il ne s'agit que de savoir se servir.

Pour arriver là, il est indispensable de faire des labours et des hersages à propos et de saisir les instants favorables; car la moindre négligence sur ce point peut compromettre le succès de l'opération; il faut aussi bien s'attacher à ne pas donner à la terre le temps de se tasser, car en cet état elle facilite singulièrement la croissance et la multipli-cation du chiendent.

Nous avons par nous-même, à diverses reprises, expérimenté ces procédés, bien simples, ainsi qu'on le voit, de l'anéantissement de cette plante et de son application au sol en qualité d'engrais, et, comme nous y avons apporté tous nos soins, nous avons constamment réussi. Nous ne saurions donc trop préconiser une méthode aussi efficace.

ART. 6.

Des semailles.

Cette opération est de la plus haute importance pour les cultivateurs. Si elle a été convenablement exécutée, en temps et saisons convenables, dans une terre bien préparée, la réussite de la récolte est à peu près certaine; aussi voit-on le cours des blés fléchir lorsque les emblavures ont généralement été faites dans ces conditions, et s'élever dans le cas contraire.

C'est surtout à l'égard de ce genre de travail que les agriculteurs doivent déployer toute l'activité dont ils sont susceptibles, et ne jamais renvoyer au lendemain ce qu'ils pourraient accomplir la veille. En effet, la moindre négligence de leur part, sur ce point, peut leur occasionner un préjudice considérable.

Il y a toujours avantage à semer de bonne heure, car, de la sorte, les plantes sont plus vigoureuses et sont moins sujettes aux maladies; mais, dans le cas où la température paraît défavorable, il vaut mieux attendre. Que de cultivateurs se sont souvent repentis amèrement d'avoir enfreint ce précepte !

On doit bien se garder surtout d'emblaver des terres trop détrempées par les pluies, autrement la plupart des grains pourriraient, et ceux qui échapperaient à cette maladie ne donneraient que de chétifs produits.

Il y a même certaines emblavures qui ne prospèrent que lorsqu'elles ont été faites par un temps sec et chaud, telles que celles du blé noir, de l'orge et du seigle; d'autres, comme celles du froment et de l'avoine, exigent un sol légèrement humide.

Aussitôt la semence répandue, il faut l'enterrer. On doit s'arranger de manière à ne jamais en employer plus qu'on ne peut en soumettre à cette façon dans la même journée, surtout si l'on appréhende les gelées blanches. Quelquefois, il arrive que, surpris par des pluies torrentielles, on est obligé de laisser la semence à moitié enfouie; c'est là une circonstance désastreuse et qui compromet gravement la récolte, mais que parvient presque toujours à éviter le cultivateur prudent et actif.

Il y a plusieurs procédés d'ensemencement; le meilleur et le plus simple est celui à main d'homme, pourvu qu'on ait la précaution de ne charger de ce genre de travail que des ouvriers soigneux et parfaitement exercés. C'est à ce sujet que toute considération de salaire devra disparaître ; car si, pour vouloir faire une économie de quelques francs, on s'adressait à un homme inhabile, on aurait certainement lieu de s'en repentir.

Autant que possible, on doit éviter de semer par un grand vent, afin d'arriver à une répartition exacte de la semence.

L'instrument le plus convenable pour enterrer la semence, est une herse organisée de telle sorte que son action soit proportionnée à la grosseur du grain qu'il s'agit de recouvrir.

Si le labour sur lequel on veut opérer l'ensemencement présente entre chacune de ses tranches un intervalle trop prononcé, comme aussi lorsqu'il s'y trouve beaucoup de mottes, il y a lieu, dans ces cas, de procéder à un hersage avant d'effectuer le jet de la semence. Si ces inconvénients n'existent pas, ce hersage préalable serait plus nuisible qu'utile, en ce qu'il rendrait l'enfouissement du grain moins facile.

Pour que la semence soit enterrée et répartie convenablement, elle doit recevoir trois tours de herses, dont les deux premiers dans le sens longititudinal et le dernier en travers.

Cela accompli, il faut passer la charrue à deux versoirs, ou, à son défaut, la charrue ordinaire, entre chaque planche, et transversalement, dans tous les endroits où l'eau pourrait séjourner.

Il est ensuite nécessaire de faire curer à la pelle toutes les raies qui résultent de ce dernier travail et de les ouvrir de manière à ce que les eaux aient partout leur entier écoulement.

CHAPITRE IX.

SOMMAIRE.

ART. 1er.

Des moyens d'empêcher que les céréales atteignent des prix trop élevés, tout en maintenant ces prix à un chiffre tel que les producteurs puissent y trouver une rémunération suffisante de leurs travaux.

Protéger l'agriculture par l'intervention gouvernementale, c'est là certainement un moyen puissant pour la rendre florissante. Mais de quelle manière et dans quel sens l'agriculture peut-elle fructueusement faire l'objet de la sollicitude du gouvernement? Cette question, selon beaucoup de bons esprits, n'a encore été résolue que très-imparfaitement.

12

Ainsi, a-t-on jamais pu empêcher les disettes qui ont si fatalement pesé sur la France, à des époques pour ainsi dire périodiques? Examinons le passé et nous y puiserons une réponse tristement négative.

Cependant, il est bien certain que si, au lieu de cette insouciante quiétude dans laquelle on est resté plongé après chacune de ces disettes, on se fût sérieusement et énergiquement préoccupé d'en conjurer le retour, il est bien certain, disons-nous, qu'on aurait au moins beaucoup atténué grandement les faits douloureux qui en ont été la conséquence.

Les moyens principaux qu'on pourrait employer désormais pour arriver à un semblable résultat, nous paraissent être ceux-ci :

1° Établir, dans les années de bonnes récoltes, des greniers d'abondance. On faciliterait ainsi aux producteurs la vente de leurs blés à des prix suffisamment rémunérateurs, et, de plus, on constituerait des réserves de grains assez considérables pour obvier, pendant les mauvaises années, au déficit.

2° Et n'admettre les importations de blés en France, qu'en leur appliquant des droits d'entrée tels que les céréales, produites par le travail national, pussent toujours soutenir avantageusement la concurrence étrangère.

Si désormais ces moyens étaient mis en application :

On éviterait la ruine d'un grand nombre de cultivateurs ;

On augmenterait, dans de larges proportions, la production des blés indigènes, lesquels, existant dès-lors en quantité constamment suffisante, n'atteindraient jamais un chiffre trop élevé et ne se vendraient pas non plus à vils prix ;

On préviendrait les disettes ;

On conserverait dans la France des capitaux considérables, au lieu de les expédier à l'étranger, et, par cela même, on parerait aux crises monétaires auxquelles donnent presque toujours lieu les grandes importations des céréales.

Dans les années qui ont précédé la dernière crise alimentaire, on a vu exporter de France des quantités considérables de blé, au prix de dix à douze francs l'hectolitre ; peu de temps après, l'importation y faisait entrer des blés qui revenaient à trente et trente-deux francs l'hectolitre : de pareilles opérations ne sont-elles pas évidemment désastreuses ? Si, au lieu de vendre nos blés à l'étranger, nous les eussions conservés dans des greniers d'abondance, nous aurions été dispensés de ces achats ruineux.

Que dirait-on, par exemple, d'un emprunteur solvable qui consentirait à payer trois cents pour cent d'intérêts ? Tout le monde s'accorderait à le considérer comme un homme en démence.

Eh bien ! dans les exportations et importations qui viennent d'être rappelées, nous avons absolument procédé comme cet emprunteur ; voilà qui est positif.

Beaucoup de gens se réjouissent lorsqu'ils voient fléchir

démesurément le cours des céréales ; cela prouve qu'ils apprécient bien mal les conséquences d'un semblable état de choses, car ces conséquences sont diamétralement opposées à celles qu'ils croient entrevoir.

En effet, bon nombre de cultivateurs, ne trouvant pas dans la vente de leur récolte de quoi faire face aux charges qui pèsent sur eux, sont obligés de restreindre considérablement la culture des céréales et souvent même de la cesser entièrement. De là, diminution notable dans la production des blés, et partant augmentation proportionnelle de leur prix.

Il y a donc lieu de désirer que les blés se vendent à un prix tel que les producteurs en retirent un bénéfice raisonnable, et que les consommateurs puissent se les procurer aisément.

Mais nous voyons rarement cet équilibre exister ; aussi, devons-nous faire des vœux pour que la sollicitude du gouvernement se manifeste de manière à éviter à l'avenir un aussi grave inconvénient, soit en adoptant les moyens que nous avons plus haut indiqués, soit en en employant d'analogues. Nous appelons surtout sa protection contre la concurrence étrangère, car rien ne décourage autant les agriculteurs indigènes que d'avoir à lutter désavantageusement avec des produits exotiques. Ce raisonnement nous amène à dire que nous regrettons vivement qu'à l'égard des céréales le système du libre-échange ait été substitué à celui de l'échelle mobile ; car ce dernier système, malgré son in-suffisance, sauvegardait mieux, selon nous, les intérêts des producteurs nationaux que celui qui lui a été préféré.

Nous croyons aussi que, pour être complètement effi-cace, la protection gouvernementale devrait, aussi bien qu'à l'égard des arts et des sciences, se traduire, pour les culti-vateurs, en récompenses honorifiques et pécuniaires ; car l'agriculture qui produit les matières premières, bases de la puissance d'un état, mérite d'être encouragée bien davan-tage encore que les arts et les sciences. En effet, plus ses déboursés sont considérables, plus elle emploie d'ouvriers, plus aussi elle peut augmenter leurs salaires, qui, venant à se répandre journellement dans la circulation, y pro-duisent l'abondance et même la richesse ; ce n'est donc pas aller trop loin que d'affirmer que l'une des conditions essentielles de la disparition du paupérisme, cette plaie hideuse des Etats, est la prospérité agricole.

Au surplus, les ressources que nous procurent les blés étrangers, tout en absorbant des capitaux considérables, sont bien faibles, si l'on considère que tous nos navires de commerce, employés au transport de ces blés, ne suffi-raient même pas pour quinze jours de nourriture ; car il se consomme quotidiennement en France au moins vingt-un millions de kilogrammes de blé, formant la charge de deux cent dix navires de commerce, du port de chacun cent tonneaux.

Nous ne devons donc raisonnablement compter que sur les blés nationaux, car ceux exotiques peuvent nous faire plus ou moins défaut, et, d'ailleurs, fussent-ils suffisants, nous n'en profiterions qu'en accomplissant d'énormes sacrifices, dont les fâcheux effets se feraient long-temps sentir dans nos relations financières.

Enfin, nous ne terminerons pas sans rappeler que Malthus, Benjamin Constant et autres éminents publicistes, ont posé, comme un principe fondamental de bonne économie politique et agricole « que toute grande nation devait » se nourrir elle-même, et ne jamais compter pour un objet » d'une si haute importance sur les secours étrangers, né- » cessairement précaires et insuffisants, quoique ruineux ».

Il se peut que, pour prévenir les fâcheux inconvénients plus haut rappelés, il existe des moyens meilleurs que ceux que nous venons de signaler ; mais alors que les personnes qui les connaissent veuillent bien les indiquer : elles rempliront ainsi un devoir et rendront un éminent service à leurs concitoyens.

ART. 2.

Des greniers d'abondance.

Dans les années où, comblés des faveurs de la Providence, nous obtenons de notre sol de riches récoltes de blé, tout entiers à ce résultat favorable, sous l'empire de la joie qu'il nous cause, nous oublions facilement, beaucoup trop facilement peut-être, nos souffrances passées, et c'est ainsi que nous sommes amenés à ne point nous préoccuper suffisamment et sérieusement de l'avenir. L'avenir ! cependant, il est souvent gros de nuages ; bientôt ils s'amoncèlent sur nos têtes, la foudre éclate, et frappés de ses feux, nous nous repentons amèrement, mais trop tardivement, hélas ! de notre coupable insouciance !

En termes plus prosaïques, lorsque les céréales produites en petites quantités sont insuffisantes à notre consommation, et que nous n'avons pas été prévoyants, la disette, l'affreuse disette, nous atteint.

Que faudrait-il donc faire pour empêcher le retour d'un pareil fléau ?

Établir, dans les années de bonnes récoltes, des greniers d'abondance.

Il est bien certain que l'action gouvernementale seule peut arriver à la création de cette précieuse ressource alimentaire ; mais quand, comment et par quelle voie cette action doit-elle s'exercer ?

C'est ce que nous allons examiner.

Dès que le cours des froments descend à 15 fr. l'hectolitre ou 3 fr. le double décalitre, l'État pourrait intervenir et en acheter pour la consommation d'un mois de tous les habitants de la France. C'est là, à peu près, le terme moyen du déficit qui se produit dans les mauvaises années.

Supputons maintenant ce que coûterait un semblable approvisionnement.

Il faut en France, chaque jour, 21,000,000 de kilogrammes de blé, ou 1,400,000 doubles décalitres, du poids chacun de quinze kilogrammes, lesquels, à raison de 3 fr. l'un, font 4,200,000 fr. Cette somme, multipliée par trente, nombre des jours du déficit précité, présente un total de 126,000,000 de francs. Voilà donc ce qu'aurait à débourser le gouvernement pour parer à l'éventualité d'une disette. Ce chiffre est élevé, sans doute; mais il n'est certainement pas hors de proportion avec les ressources de notre riche patrie, et, d'ailleurs, indépendamment des avantages incalculables que retirerait la nation de cette sage opération, l'État, ainsi qu'on le verra plus loin, rentrerait, à peu de chose près, dans son avance lors de chaque année de mauvaise récolte.

Ces achats opérés, quels seraient ensuite les procédés les plus simples et en même temps les plus économiques, pour obtenir la conservation des blés qui en auront été l'objet?

Selon nous, les voici :

Les producteurs, comme condition expresse des débouchés qui leur seraient ainsi procurés, auraient l'obligation de garder et soigner sur leurs greniers les blés par eux vendus. Ils recevraient, à titre d'indemnité de cette charge, une prime annuelle de 1 fr. par chaque hectolitre, au moyen de quoi ils seraient tenus de représenter et livrer à toute réquisition, à qui de droit, le blé dont ils seraient ainsi constitués les dépositaires, sans qu'ils pussent objecter, lors du retrait qui en aurait lieu, une diminution de quantité, pour une cause quelconque; car ils trouveraient largement dans la prime à eux allouée de quoi subvenir aux déchets qui pourraient se produire, et aux loyers des emplacements.

Toutefois, s'il arrivait que, par une cause quelconque, indépendante du fait du détenteur, notamment l'apparition spontanée de charançons, alucites et autres insectes aussi pernicieux, ces blés vinssent à se détériorer, le dépositaire serait, dans ce cas, mis à l'abri de toute responsabilité, en faisant, en temps utile, sa déclaration à l'autorité municipale de la localité, qui devrait prendre alors telle mesure qu'exigerait la circonstance.

Supposons maintenant qu'une période de sept années s'accomplisse entre le dépôt et l'écoulement des blés dont il s'agit, ils se trouveraient revenir au gouvernement, sauf la perte résultant des accidents que nous venons de signaler, à 22 fr. l'hectolitre ou à 4 fr. 50 c. le double décalitre.

Il est vrai que, pour fixer exactement le prix de revient, il y aurait encore à ajouter au chiffre susindiqué l'intérêt des sommes déboursées; mais comme c'est la nation elle-même qui aurait fourni les fonds nécessaires à l'achat, que c'est elle-même aussi qui profiterait de leur emploi, il n'y aurait point lieu de mettre cet intérêt en ligne de compte pour établir la fixation du prix des reventes. Donc, c'est à **22 fr.** l'hectolitre ou à 4 fr. 50 c. le double décalitre que l'Etat distribuerait les blés par lui achetés, dans l'hypothèse plus haut posée d'un dépôt septennal. Si le laps de temps était moindre, ce taux subirait une réduction proportionnelle. Ainsi, en admettant qu'il se fût écoulé trois ans seulement depuis l'achat de ces blés, ils seraient vendus, dans ce cas, 18 fr. l'hectolitre.

Il est inutile d'ajouter que les provisions de blé, ainsi constituées, seraient, aussi exactement que possible, réparties sur tous les pays producteurs.

Quant à la surveillance, elle s'exercerait par les autorités municipales de la localité, qui pourraient, soit par elles-mêmes, soit par des commissaires qu'elles délégueraient, se livrer à toutes les vérifications et investigations nécessaires.

On objectera peut-être que le mode que nous venons d'indiquer est vicieux, en ce sens qu'il laisse le blé à la disposition des vendeurs, et que parmi eux il pourrait s'en trouver qui abusassent de la confiance qu'on leur aurait ainsi accordée.

Nous répondrons à cette objection que le fait d'un semblable détournement ne saurait être qu'excessivement rare; car, comme sanction pénale de l'obligation où se trouveraient les détenteurs des blés du gouvernement de les représenter à première réquisition, ils seraient, à juste titre, en cas de détournement de ces blés, assimilés aux voleurs et punis comme tels.

Nous aurions encore beaucoup à dire sur le sujet qui nous occupe en ce moment ; mais, en vérité, si nous nous laissions entraîner à nos inspirations à cet égard, nous craindrions d'abuser de la patience de nos lecteurs ; aussi nous arrêterons-nous ici, toujours prêt, néanmoins, à essayer de réfuter les objections qui seraient adressées au système que nous venons d'exposer.

ART. 3.

Sur la conservation des blés.

Il ne suffit point d'avoir de bonnes récoltes de céréales, il faut encore employer les moyens nécessaires pour les préserver des accidents qui peuvent les atteindre.

Nous allons donc, pour arriver à ce but, entrer dans quelques détails.

Nous poserons tout d'abord en principe que les granges conviennent mieux pour la conservation des gerbes que les meules en ce que :

1° La confection de ces dernières exige un temps précieux ;

2° Si la pluie se déclare avant qu'elles soient achevées, les gerbes en éprouvent de graves avaries ;

3° L'humidité naturelle du sol endommage les blés en contact envers lui ;

4° Les meules, quelque bien faites qu'elles soient, n'échappent pas aux fâcheux effets des pluies continuelles que nous voyons souvent se produire ;

5° Pour que le battage des meules s'opère, il faut attendre que le temps soit fixement au beau, autrement on courrait le risque de voir endommager les gerbes par des averses ;

6° Enfin, le grain est plus exposé dans les meules que dans les granges au ravage des animaux destructeurs et aux incendies.

Cependant, tout le monde n'a pas à sa disposition les logements nécessaires pour soustraire les grains qu'il récolte aux inconvénients que nous venons de signaler ; dans le cas de cette privation, on est bien forcé d'avoir recours aux meules, mais alors on doit se procurer des ouvriers qui soient parfaitement au courant de la manière dont elles doivent être établies. Toute épargne sur ce point serait une fausse économie ; car, par suite d'une mauvaise confection de la meule, il pourrait en résulter pour le propriétaire une perte importante.

Livrer au battage, dans le plus bref délai possible, les gerbes qu'on a été obligé de mettre en meules, est agir fort sagement, surtout si ces dernières n'ont pas été convenablement faites.

Quand les grains ont été battus, il y a deux méthodes

principales de les conserver : la première, c'est de les placer dans des greniers ; la seconde, c'est de les mettre en silos.

Si l'on se sert du premier de ces modes, on ne doit pas faire des couches de grains de plus de soixante-six centimètres d'épaisseur, et il faut passer ce grain à la pelle tous les quinze jours, beaucoup plus souvent même s'il a été récolté humide ; et cela, au moins pendant les trois premiers mois ; on peut laisser ensuite écouler un temps à peu près double sans le remuer. C'est une très-bonne méthode que de renouveler quelquefois le criblage du blé, surtout dans le commencement. Il faut, autant que possible, que les tas de blé ne touchent pas aux murs, afin de les préserver de l'humidité, et d'en éviter la déperdition par les fentes qui se montrent presque toujours en cet endroit.

Si l'on applique le second de ces modes qui, du reste, convient mieux que l'autre pour les grandes quantités, il faudra faire creuser une fosse en forme de carafe dans un terrain sain, et autant que possible de nature argileuse. S'il apparaissait ne pas présenter assez de solidité, il y aurait alors lieu de le revêtir d'un mur de pierres ou de briques.

Le fond et les parois de la fosse devront être garnis d'une couche de paille de seigle, qu'on y assujettira avec des baguettes fixées par des crochets. Il est indispensable que le grain soit très-pressé dans la fosse et en atteigne l'orifice, qui devra être hermétiquement fermé, afin que ce grain soit préservé de l'action de l'air atmosphérique et des variations de la température, car tel est le principe sur lequel repose le système dont il s'agit.

Il faudra, au moins annuellement, vider le silo pour en renouveler la couche de paille dont nous avons parlé plus haut.

C'est au surplus la seule mesure qu'exige cet intéressant mode de conservation.

Quant à l'intervalle qui devra s'écouler entre la levée de la récolte et sa mise en silo, il sera de deux ou trois mois; car, au bout de ce temps, le grain sera suffisamment séc.

CHAPITRE X.

SOMMAIRE.

ART. 1er.

De la moisson des céréales.

La moisson des céréales est un sujet fort important.

Procéder opportunément à cette opération est ce dont il faut se préoccuper très-sérieusement.

S'agit-il de froment? On doit le couper cinq ou six jours avant sa maturité complète, sauf à la laisser achever avant l'engrangement. On obtient de la sorte un grain de bien meilleure qualité et plus marchand que si l'on attendait davantage.

Mais est-il question des autres espèces de céréales? Il y

a lieu de les récolter, au contraire, à leur parfaite maturité, et de les soumettre le moins possible au javelage, bien que nous sachions parfaitement que cette opinion ne soit pas celle de certains cultivateurs, qui ne visent qu'à la grosseur, ou, pour mieux dire, qu'à l'enflure du grain, et font abstraction complète de sa conservation et de celle de la paille.

On doit, pour tous ces travaux, profiter d'une température sèche, et ne pas en ajourner l'exécution dans l'espoir d'une prochaine diminution dans le prix de la main-d'œuvre, sous le prétexte d'une économie qui, dans ce cas, serait bien mal entendue, car elle compromettrait ainsi le sort de toute la récolte.

Généralement, on lie les gerbes des céréales avec leur propre paille. Cette méthode est vicieuse, en ce qu'elle retarde la moisson et fait perdre du grain. On devra donc, au préalable, être muni des liens nécessaires. Ceux de paille de seigle seront toujours préférables à tous autres.

Lorsque le temps est chaud, que le grain est mûr ou à peu près, et qu'il ne se trouve presque pas d'herbe dans la paille, on peut lier les gerbes aussitôt après la coupe, pourvu qu'alors il n'y ait plus de rosée dans le champ.

Une grande célérité doit être apportée à l'enlèvement de cette récolte, dès qu'elle paraît avoir le degré de siccité voulu pour sa conservation. Les producteurs ont un intérêt manifeste à ne mettre aucune négligence sur ce point. Aussi l'honorable et savant agronome Mathieu de Dombasle a-t-il dit :

« La moisson est un des travaux domestiques qui
» exigent le plus d'activité, surtout dans les années où le
» temps est pluvieux ou incertain. Le cultivateur qui ap-
» porte de l'incurie à cette partie si importante de ses
» opérations doit s'attendre à éprouver des pertes considé-
» rables. Chaque jour de beau temps doit être employé
» comme si on comptait avec certitude sur la pluie pour le
» lendemain et même pour le soir,. etc., etc. »

Voilà, certes, de sages préceptes. S'ils étaient toujours appliqués, bien des pertes seraient évitées ; mais, malheureusement, il se voit beaucoup d'agriculteurs qui, dans leur imprudente sécurité et, malgré la fâcheuse expérience qu'ils ont faite sur ce point, ne se pressent nullement d'engranger leurs céréales. Aussi ces cultivateurs encourent-ils bien souvent la peine d'une aussi déplorable imprévoyance.

ART. 2.

Du fauchage des blés.

Tel est l'empire de la routine, surtout en agriculture, que, malgré les démonstrations les plus évidentes, beaucoup de personnes persistent à mettre en pratique des procédés vicieux ou moins avantageux que ceux auxquels les progrès ont donné naissance.

Ainsi, ne voit-on pas encore, dans beaucoup de localités, des agriculteurs se servir obstinément de la faucille au lieu d'employer la faux pour couper leurs blés? Afin de se donner raison sur ce point, ils prétendent que le premier de ces instruments est plus économique, fonctionne avec plus de régularité et occasionne moins de perte d'épis que le second.

C'est là une série d'erreurs faciles à démontrer.

En effet, avec la faux :

On abat dans un jour six fois autant de blé qu'avec la faucille ;

Le chaume étant coupé beaucoup plus près de terre qu'à la faucille, on obtient plus de paille ; les mauvaises herbes qui se trouvent dans le blé sont presque toutes détruites, et ne peuvent conséquemment se perpétuer par leurs graines ;

Les épis sont réunis très-uniformément ;

La moisson se faisant avec plus de célérité, les intempéries sont moins à craindre.

Il est vrai qu'il arrive quelquefois que, les blés étant versés, l'usage de la faux devient plus difficile ; ce n'est pas néanmoins, même dans ce cas, une raison de lui préférer la faucille ; car, avec quelques précautions, on surmonte cet inconvénient, et, malgré la perte de temps qui en résulte, l'avantage de cette méthode sur l'autre n'en est pas moins des plus marqués.

Croyez-nous donc, cultivateurs, partisans de la faucille ; pour peu que vos exploitations aient quelque importance, laissez de côté cet instrument routinier, substituez-lui sans hésitation la faux, et bientôt, nous en sommes certain, vous vous applaudirez d'avoir suivi nos conseils, qui sont au surplus d'accord avec ceux des grands maîtres de la science agricole.

Mais, au moment où nous écrivons ceci, la faux elle-même est menacée d'être détrônée par un instrument encore plus expéditif qu'elle; nous voulons parler des machines dites moissonneuses, qui ont été déjà l'objet de plusieurs concours, et auxquelles il ne semble manquer qu'un léger perfectionnement pour atteindre le but qu'on s'en propose. Si, ce dont nous ne doutons pas, ce résultat est obtenu, toute exploitation rurale de quelque importance n'aura pas à hésiter à se munir d'un instrument aussi économique; car, par son emploi, on arrive, dit-on, à moissonner chaque jour environ six hectares de céréales, et cela avec un seul ouvrier et un seul cheval.

ART. 3.

De la carie des blés, de la manière de la détruire et de celle de la prévenir.

En présence des spécifiques certains que la science a découverts pour préserver les blés de la carie, cette maladie si désastreuse, on ne comprend véritablement pas qu'il existe encore beaucoup de cultivateurs qui se plaignent d'en être les victimes. Certes, on peut bien le dire, la faute en est à leur coupable négligence.

Les pertes résultant de la carie sont considérables ; car, outre les épis qu'elle affecte, la poussière que le fléau en fait sortir s'attache au blé sain, de telle sorte qu'elle en diminue beaucoup la qualité et conséquemment la valeur.

Du reste, le pain confectionné avec de semblable grain est fort mauvais et peut même nuire à la santé.

On voit dans certaines localités, notamment dans les environs de Paris, des moulins construits de manière à ce que les blés qu'on y soumet se trouvent dépouillés de la carie dont ils sont atteints ; mais presque partout ailleurs on en est réduit, lorsqu'on veut purifier des blés battus au fléau attaqués de la carie, de les laver à grande eau, à diverses reprises, ce qui est très-long et fort dispendieux.

Nous avons dit : blés battus au fléau, par cette raison que, lorsqu'ils l'ont été avec une machine, les grains cariés restent ordinairement dans leurs épis, avantage qui, seul, devrait ne pas faire hésiter à donner la préférence à ce dernier mode de battage.

Mais il ne serait pas besoin de recourir à l'emploi de ces moyens, d'ailleurs insuffisants, si l'on appliquait ceux préservatifs dont nous allons parler.

Indiquons, toutefois, auparavant les causes de la carie.

Long-temps, les opinions ont été divisées sur ce point ; mais elles sont aujourd'hui toutes d'accord pour reconnaître que la poussière de la carie est composée de grains ronds, en quantité prodigieuse et si petits, qu'on ne peut les apercevoir qu'avec l'aide d'un bon microscope. Ces globules produisent des plantes, aussi invisibles à l'œil nu, qui, pénétrant dans le blé sain, vivent à ses dépens, croissent et semblent s'identifier avec lui. C'est de cette singulière association que, sans doute, beaucoup de cultivateurs ignorent, que résulte le blé carié ou bouté.

La maturité de la plante parasite dont il s'agit est plus tardive que celle du blé ; aussi, lorsque ce dernier est coupé un peu prématurément, il est exempt de la carie.

Il y a un grand nombre de moyens indiqués par la science et par la pratique agricole pour prévenir cette maladie, mais il n'entre pas dans notre cadre de tous les rappeler ; nous allons seulement nous occuper du meilleur de ces moyens, et en même temps le plus simple et le moins coûteux. Ce moyen, c'est le chaulage, c'est-à-dire le mélange du grain de semence avec de l'eau de chaux ; car, ainsi allié, cet agent calcaire a une telle action sur les petits globules de carie, qu'il les désorganise et les anéantit complètement ; mais, pour que cette opération importante ait le succès désirable, il est indispensable que tous les grains de blé qui y sont soumis soient bien enduits de la composition précitée. Il faut donc apporter beaucoup d'attention à ce travail et s'attacher au procédé qui semblera le rendre plus parfait.

Si l'on ne pouvait se procurer de la chaux, on y suppléerait par de la potasse ou de la soude.

On ne passe habituellement au chaulage que le froment; pourtant le seigle, l'orge et l'avoine sont également sujets à la carie. Il convient donc, conséquemment, d'appliquer aussi à leur égard le même moyen de prévenir cette redoutable affection.

ART. 4.

Des charançons des blés et des moyens de s'en préserver et de les anéantir.

Il arrive malheureusement trop souvent que tel cultivateur qui, joyeux de voir ses greniers bien garnis de blé et supputant à l'avance la somme qu'il en retirera, voit tout-à-coup son espoir singulièrement déçu par l'apparition, dans cette précieuse denrée alimentaire, d'une multitude d'insectes connus sous le nom de charançons, et qui y commettent d'énormes dégâts.

Mais avant de nous occuper des moyens préservatifs et de destruction de ces petits scarabées, il nous semble convenable d'examiner comment ils se développent, et les points saillants de leur organisation et de leurs habitudes.

Le charançon est ovipare, c'est-à-dire qu'il se multiplie par le moyen des œufs. A sa naissance, c'est une simple larve, puis il passe à l'état de chrysalide, et arrive enfin à celui de scarabée. Pendant la première et la dernière période de sa vie, il se nourrit de la même substance, et en cela il diffère de la plupart des insectes qui ont, comme lui, la propriété de se métamorphoser.

Les charançons se reproduisent dans une proportion incroyable, mais pendant la belle saison seulement. Ils aiment beaucoup la chaleur ; aussi s'en trouve-t-il dans le midi de la France d'innombrables quantités.

Aucun signe extérieur n'annonce l'existence des charançons dans un monceau de blé ; car ils ne restent point à la surface, mais bien à quelques centimètres de profondeur. Les grains rongés par eux paraissent d'ailleurs tout aussi entiers que ceux qu'ils n'ont pas attaqués, puisqu'ils évitent soigneusement d'en détériorer l'enveloppe. La différence de poids seule, sert d'indication à cet égard.

Quand le froid commence à se faire sentir, ces insectes quittent les tas de blés, et vont se réfugier aux alentours, dans les endroits les plus chauds qu'ils peuvent trouver, et ils y restent jusqu'au printemps, époque à laquelle ils rentrent dans leurs précédentes retraites pour y recommencer leurs ravages.

Passons maintenant aux moyens de se préserver de ces hôtes nuisibles.

Nous n'en connaissons pas d'autres que ceux-ci, et encore sont-ils quelquefois insuffisants :

1° Couper le grain un peu avant sa maturité ;

2° Le rentrer dans un état de siccité convenable ;

3° Remuer fréquemment les monceaux de blé ;

4° Et enfin, s'il s'agit de grains non encore battus, en disposer en dehors les gerbes en meules bien établies.

Quant à l'anéantissement des charançons qui ont fait invasion dans les tas de blé, on a bien indiqué à ce sujet un grand nombre de moyens, mais tous nous semblent à peu près inefficaces, à l'exception d'un seul que, par cette raison, nous allons décrire :

Au commencement du printemps, alors que les charançons n'ont point encore pondu, on met trois ou quatre décalitres de blé à une faible distance de celui dont on veut expulser les charançons et qu'on remue avec une pelle, ce qui en fait sortir et fuir tous ces insectes, qui courent se jeter dans le petit tas de blé dont nous venons de parler, sauf quelques-uns qui cherchent à atteindre les murs du grenier ; mais alors on les pousse avec un balai jusqu'au point où se retirent les autres charançons. Lorsque leur réunion semble complète, on verse sur le blé où ils se trouvent une chaudière d'eau bouillante, qu'on y fait pénétrer le plus possible. De cette opération résulte la mort instantanée de toute la peuplade envahissante. Le blé ainsi traité n'est pas perdu pour cela ; on l'étend, on le fait sécher, et on le crible pour le purger des myriades d'insectes dont il a été le tombeau.

CHAPITRE XI.

SOMMAIRE.

ART. 1er.

Des pâturages.

Dans certaines localités, loin des centres de population d'un accès difficile, et où, conséquemment, les débouchés des produits agricoles ne peuvent avoir lieu que très-désavantageusement, il convient de restreindre la culture et de livrer le plus possible de terres à la paissance des bestiaux ; c'est ce mode d'administration qui constitue l'agriculture dite pastorale.

La culture semi-pastorale ou mixte, servant de transition

pour arriver à l'alternat, doit être employée lorsqu'on se trouve dans le cas d'améliorer une propriété, et que l'on ne peut disposer suffisamment d'engrais pour arriver à ce but; c'est aussi ce genre de culture auquel devra s'adonner le cultivateur qui ne pourra disposer des ressources suffisantes pour entrer de prime-saut dans la voie de l'agriculture alterne.

Pour tirer des herbages tout le profit dont ils sont susceptibles, il faut les diviser en plusieurs enclos, et les faire parcourir successivement par les bestiaux dont on entretient l'appétit par l'herbe fraîche qu'on leur procure ainsi constamment, outre qu'on empêche qu'ils ne gâtent beaucoup d'herbes par leur piétinement. Pour les animaux mis à l'engrais, il est de principe élémentaire de les placer d'abord dans les pâturages de qualité inférieure, et de leur faire parcourir graduellement ceux qu'ils recherchent le plus.

Les excréments des chevaux et des bêtes à cornes couvrant bientôt une grande surface, nuisent beaucoup conséquemment à la croissance de l'herbe, et lui procurent une odeur désagréable, il convient dès-lors de les faire amonceler dans une portion du pâturage et de les enlever ensuite pour en fumer les terres arables.

Il doit y avoir dans tout pâturage, ou à sa proximité, un abreuvoir établi selon les procédés d'une bonne hygiène.

Il faut aussi y pratiquer toutes les rigoles nécessaires à son assainissement et à son irrigation.

Les taupinières, les plantes délaissées par le bétail, les ronces et les buissons, doivent être exactement détruits, à mesure qu'ils apparaissent.

Lorsqu'on peut se procurer des cendres, on les répand sur les pâturages avec un grand succès ; car on voit bientôt disparaître de ces héritages les joncs et autres produits aquatiques, qui ne tardent pas à être remplacés par le triolet, dont les bestiaux sont très-friands, et qui est pour eux une excellente alimentation. Ils broutent de plus, dans ce cas, fort près le pâturage, qui leur profite ainsi bien mieux qu'auparavant.

Art. 2.

Des prairies naturelles.

On sera bien long-temps à convaincre beaucoup de cultivateurs d'un grand nombre de contrées qu'ils peuvent très-bien faire marcher leurs exploitations sans le secours des prairies naturelles.

Dans leur entêtement irréfléchi, ils taxent cette opinion de paradoxale, et cependant elle est parfaitement fondée, ainsi qu'une foule de faits l'établissent péremptoirement.

Convenons toutefois qu'il est certains cas où il y a lieu de créer ou maintenir des prairies naturelles, lorsque, par exemple, on possède un terrain sablonneux et aride et qu'on a la possibilité de l'arroser, ou que ce terrain est dans une position telle qu'il ne puisse être que difficilement labouré, ou encore qu'il se trouve exposé à de fréquentes inondations.

Ajoutons le cas où, destinant les foins à la vente, on peut en obtenir des prix élevés, à raison du voisinage des villes où il s'en fait une grande consommation.

Hormis ces quelques cas, il est loin d'être avantageux de conserver des prairies naturelles.

Que tout au moins ceux qui se refusent à adopter cette manière de voir, comprennent donc qu'ils auraient un grand bénéfice à rompre leurs prés pour les soumettre temporairement à la culture, surtout si les produits en ont sensiblement décru. Voici, du reste, comment à ce sujet s'exprime Olivier de Serres. Nous citons ses propres paroles, empreintes de cet esprit de saine appréciation qui caractérise cet agronome distingué :

« Voyant votre pré, dit-il, ne rapporter à suffisance, ne
» soyez si mal avisé de le souffrir avec si petit revenu, lui
» changeant d'usage, le convertirez en terre labourable, en
» quoi il profitera plus en un an produisant de bons blés
» et pailles que de six en foin. Dont étant le foin renouvelé
» au bout de quelques années, sera remis en prairie. »

Cependant, remarquons bien qu'avant de détruire une prairie naturelle quelconque, il faut s'être assuré le moyen d'en remplacer le produit, autrement on éprouverait tout-à-coup un déficit de fourrages qui pourrait jeter dans de graves embarras.

Pour obtenir du défrichement d'une prairie naturelle tout le succès désirable, il faut, si elle est humide, l'assainir au préalable, et, lorsqu'elle ne renferme pas l'élément calcaire, on doit y incorporer, le mieux possible, de la chaux ou de la marne, car ces substances ont pour effet d'accélérer la transformation des nombreux détritus du sol en matière fertilisante.

S'il s'agit d'un pré tourbeux, il faut procéder à son défrichement par l'excellente méthode de l'écobuage.

Comment doit être assolée la terre d'une prairie qu'on vient de rompre?

Il a été émis sur cette question une multitude de systèmes que nous croyons peu utiles de rappeler, en raison des contradictions qu'ils présentent ; nous nous bornerons à indiquer l'assolement que nous avons suivi pour nous en pareille circonstance, et que nous conseillons fortement d'adopter, comme nous ayant très-bien réussi. Voici quel est cet assolement :

1re année. — Avoine.

2e *id.* — Pommes de terre.

3e *id.* — Blé.

4e *id.* — Trèfle.

5e *id.* — Blé.

6e *id.* — Betteraves.

7e *id.* — Blé.

8e *id.* — Avoine avec réensemencement de la prairie.

Le tout sans fumier.

Cette succession de récoltes n'a nullement épuisé la terre; bien plus, la prairie est devenue beaucoup plus belle qu'auparavant. Peu partisan, comme on l'a vu plus haut, de ces sortes d'héritages, nous n'aurions pas remis celui-ci en prairie, si nous n'y avions pas été astreint par l'une des clauses du bail qui nous en avait été fait. Libre d'en disposer à notre gré, nous eussions, après l'avoine de la huitième année, donné une fumure copieuse aux terrains et commencé une rotation quadriennale, dont la base aurait été une plante sarclée.

Presque tous ceux qui créent des prairies naturelles adoptent la méthode vicieuse de les semer avec des graines dites de foin, qu'ils prennent partout où ils peuvent se les procurer, sans se préoccuper le moins du monde si elles sont de bonnes espèces, et si elles conviennent au terrain auquel ils les destinent.

Aussi ces cultivateurs n'obtiennent-ils ordinairement que des résultats si peu satisfaisants, qu'ils considèrent l'établissement d'une prairie comme une chose excessivement difficulteuse, et sont-ils conséquemment opposés à la destruction des anciennes prairies, par la crainte qu'ils éprouvent de ne pouvoir convenablement les renouveler.

Il est pourtant un moyen bien simple d'obtenir toujours une réussite complète, lorsqu'on met un héritage en prairie : c'est de se pourvoir de graines qui semblent le mieux s'y développer et qui plaisent le plus au bétail. Un peu d'observation suffira pour faire avec succès cette appropriation.

Il faut avoir bien soin aussi, quand on établit une prairie naturelle, que le sol en ait été parfaitement purgé de toutes mauvaises herbes, ce qui n'est possible que par des sarclages exécutés à propos.

L'époque la plus convenable pour opérer le semis d'une prairie de cette nature est le printemps. Ce semis doit être fait dans une avoine répandue claire, afin que la jeune herbe puisse s'y développer avec facilité.

Le sol doit alors en être parfaitement pulvérisé. Il faut, en outre, s'attacher à en obtenir le nivellement par tous les moyens connus.

Les graines qui composent la prairie doivent, à raison de leur finesse, être enterrées très-peu profondément; à cet effet, on ne les répandra qu'immédiatement avant le dernier hersage. S'il existait des mottes qui eussent résisté à la herse, il faudrait les briser au moyen du rouleau.

Il y a lieu de veiller exactement à ce qu'aucune espèce de bétail n'aille dans la prairie pendant la première année de son existence. Il est d'une très-bonne méthode de faire brouter l'herbe par les moutons au printemps de la seconde année, pourvu que ce ne soit pas jusqu'à la racine, comme cela arriverait si l'on y mettait de ces animaux en trop grande quantité ou trop long-temps.

Si l'on tenait absolument à obtenir la régénération d'une prairie naturelle sans la soumettre au défrichement, il faudrait la fumer fortement et y répandre des cendres en dose considérable; mais pour que ce procédé produisît tout son effet, la prairie devrait au préalable être bien assainie.

Dans les prairies tourbeuses, on obtient une augmentation sensible du produit par la simple addition de sable, mis en quantité proportionnée à la plus ou moins grande perméabilité du sol, ou bien encore de terreau ou de bonne terre, répandu dans l'épaisseur de quatre ou cinq centimètres. Cette opération doit avoir lieu au commencement de l'hiver.

On donne aussi une grande fertilité aux prairies en les arrosant avec le purin des fumiers ou l'urine des bestiaux. Cette distribution se fait en employant des tonneaux disposés en conséquence. Le moment le meilleur pour y procéder est le commencement du printemps.

Les irrigations bien dirigées d'eaux bourbeuses, ou même simplement pluviales, ont également un puissant effet sur les prairies.

Enfin, les fourmilières et les taupinières qui se montrent dans ces héritages doivent être soigneusement détruites à mesure qu'elles s'y produisent.

ART. 3.

De la culture de la luzerne.

Cette plante est pour l'agriculture infiniment précieuse ; en effet, ses produits sont précoces et abondants et d'une grande utilité ; sa durée est fort longue et elle améliore le sol d'une manière si puissante, qu'elle le dispose à donner, sans engrais, pendant un grand nombre d'années, les plus riches récoltes. Aussi Olivier de Serres la nommait-il avec raison : « *Une des merveilles de nostre mesnage* ».

Lorsqu'on veut créer une luzernière, il faut, pour obtenir une réussite complète, choisir un terrain parfaitement nettoyé de toutes mauvaises herbes, sain, profond, bien substantiel et exposé au midi. On doit apporter, au choix de la semence de cette graminée, beaucoup de précautions et n'employer que celle nouvellement récoltée. Plus elle est jaune et pesante, meilleure elle est. Il faudra donc s'attacher à ce signe distinctif de bonne qualité. Cribler cette graine et la passer à l'eau, afin d'en éliminer celle de cuscute qui s'y trouve souvent mêlée et qui est l'un des agents les plus destructifs de la luzerne, est assurément un sage procédé dont nous ne saurions trop conseiller l'emploi.

Il vaut mieux semer cette graine trop épaisse que trop claire ; on prévient ainsi l'envahissement des mauvaises herbes et l'on obtient en même temps un fourrage de qualité supérieure. La quantité de graine à employer doit être au moins de vingt-cinq kilogrammes par hectare.

L'époque la plus convenable pour procéder à l'ensemencement de cette graminée est le printemps. Il peut se faire dans une céréale d'automne ; mais on est plus assuré de sa réussite en l'opérant dans un champ d'orge, au moment même de l'emblavure de ce grain.

Il faut un concours de circonstances atmosphériques extrêmement favorables pour faucher la luzerne dès la première année ; mais, à partir de la seconde, on en obtient trois et même jusqu'à quatre bonnes coupes.

Un moyen infaillible de procurer à cette plante une luxurieuse végétation, et par conséquent de l'amener à de hauts produits et à une grande longévité, c'est de la couvrir, pendant le mois de mars de la deuxième année de son existence, de fumier bien consommé, et de réitérer cette opération l'année suivante et à semblable époque.

Un autre moyen d'augmenter considérablement son produit, c'est de la plâtrer dans la proportion de deux hectolitres et demi par hectare, au printemps de chaque année, au moment où la plante commence à couvrir la terre. Pour rendre l'effet de ce stimulant encore plus sensible, il faut, tout en employant la même dose, le répandre à deux reprises différentes et à huit jours d'intervalle.

Lorsqu'on s'aperçoit que les produits d'une luzernière commencent à diminuer, il y a lieu, au printemps et en diverses fois, d'y passer une herse à longues dents de fer, qu'on s'efforcera, au moyen d'une charge suffisante, de faire pénétrer le plus profondément possible. Cette opération divise et chausse la plante, et la rend conséquemment plus touffue et plus vivace.

Si ce moyen de régénération restait sans effet, ce serait signe que la luzernière aurait perdu une grande partie de sa vigueur, et il faudrait alors ne pas hésiter à la détruire.

Si l'on voulait de nouveau semer de la luzerne dans le même champ, on devrait attendre autant d'années à peu près qu'aurait duré la précédente luzernière, autrement on n'arriverait qu'à un demi-succès.

Un sol dans lequel a existé une luzernière qu'on a laissé parvenir à la longévité qu'elle comportait, se maintiendra certainement pendant long-temps dans un haut état de fertilité, si l'on a soin d'y varier et combiner sagement les récoltes qu'on veut en obtenir.

Enfin, nous ferons remarquer qu'une luzernière est indispensable dans toute exploitation agricole bien administrée, et où par conséquent on applique le mode de la stabulation permanente du bétail; car les autres prairies artificielles n'ont qu'une durée annuelle et manquent malheureusement souvent, et les prairies naturelles ne peuvent être que d'un faible secours dans l'application de ce genre de nourriture, tandis qu'une luzernière bien établie donne presque invariablement, par ses coupes fréquentes, la beauté et l'abondance de ses tiges, des quantités considérables d'un excellent fourrage.

ART. 4.

De la culture du trèfle.

L'un des principaux pivots de la prospérité agricole est, sans contredit, la culture du trèfle; son introduction en grand dans les assolements a opéré toute une révolution dans l'exploitation des terres : diminution de labours, propreté et amélioration du sol et, partant, augmentation sensible des produits. Telles sont les heureuses conséquences de la mise en œuvre d'une semblable culture.

Aussi beaucoup d'agriculteurs sèment-ils cette légumineuse, dans la plus grande proportion possible; et tous ceux d'entre eux qui se conforment à cet égard aux règles que l'expérience a fait connaître, obtiennent d'admirables résultats. Si d'autres cultivateurs n'ont pas lieu de se féliciter autant d'un semblable ensemencement, c'est qu'assurément ils ont méconnu les principes qui le régissent.

Il existe d'assez grandes variétés de trèfle; mais on peut les ramener à trois principales, savoir :

Le trèfle commun,

Le trèfle blanc,

Et le trèfle rouge ou incarnat.

Chacune de ces espèces a ses propriétés particulières. Le trèfle commun est celui qui entre le plus ordinairement dans les assolements. Il exige, pour réussir, un sol parfaitement nettoyé de mauvaises herbes. Sa culture s'allie donc intimement à celle des plantes sarclées, et il doit être semé dans la céréale qui suit immédiatement ce genre de récoltes ; car alors la terre n'a pas eu le temps d'être infestée de semences adventices, et n'a pu perdre qu'une faible partie des principes fertilisants résultant de la forte fumure qu'a dû recevoir la plante sarclée.

Si, négligeant le précepte que nous venons de rappeler, on veut obtenir du trèfle après une avoine closant la rotation, comme nous le voyons pratiquer par quelques cultivateurs, les résultats dans ce cas sont loin d'être satisfaisants ; au lieu de récolter un fourrage haut et touffu, donnant jusqu'à trois coupes copieuses, on en est réduit à ne prendre qu'une chétive coupe ; quelquefois même, on n'en peut faire aucune, tant est petit le trèfle venu dans des conditions aussi défavorables ; et, pour en tirer quelque parti, on est obligé de le faire pâturer, de telle sorte qu'à la fois on est privé d'un excellent fourrage, et qu'on s'expose aux accidents, malheureusement très-fréquents, de la météorisation de la panse du bétail. Ajoutons que la qualité des récoltes qui suivent le trèfle étant en rapport direct avec celle qu'il produit, il en résulte que, dans ce cas encore, on éprouve un préjudice notable.

On voit donc qu'il est d'un intérêt bien évident pour les agriculteurs de rejeter complètement la méthode vicieuse qui les porte à répandre la graine de cette légumineuse dans une terre épuisée et salie.

C'est au printemps que le trèfle commun doit se semer, et au moment où le sol est parfaitement essuyé. Il vaut mieux s'exposer à accomplir cette opération en saison tardive que lorsque la terre est détrempée au point que les pieds des animaux qui traînent la herse s'y enfoncent profondément. Ce hersage a ici une double action : il enterre le trèfle et produit, sur la céréale où il se trouve, l'effet d'un binage ; aussi, au bout de quelques jours, voit-on s'accroître singulièrement la végétation de cette céréale.

Toutefois, si le terrain était enflé par l'effet des gelées, il faudrait substituer un rouleau à l'instrument dont nous venons de parler.

Le trèfle, quelle que soit son espèce, vient bien dans toutes les natures de terre ; mais il affectionne particulièrement celles où il existe des fumures bien incorporées et où abonde l'élément calcaire.

Il faut faire en sorte qu'il ne se trouve pas de cuscute dans la graine de trèfle. Nous indiquerons plus loin, du reste, en parlant de cette plante parasite, les moyens à employer pour obvier à cet inconvénient.

Le trèfle, semé dans sa gousse, est bien plus sûr que s'il en était dépouillé ; il est vrai que ce mode a contre lui de ne pas procurer une répartition exacte de la graine ; mais nous n'en conseillons pas moins l'application à tous ceux qui ont eux-mêmes récolté leur graine.

La semence qui convient le mieux est celle que donne la seconde coupe de la deuxième année ; car elle est plus propre et mieux nourrie que celle des autres coupes.

Il vaut beaucoup mieux répandre trop de graine que d'en mettre une quantité insuffisante. Vingt kilogrammes par hectare est la quantité que nous employons ordinairement, et nous avons constamment éprouvé qu'elle n'était pas disproportionnée.

Lorsqu'on destine le trèfle à être mangé en vert, il faut en associer le semis à celui du ray-grass italien ou anglais. Ce mélange constitue une excellente nourriture pour les bestiaux, et ne leur fait pas courir le risque de la météorisation.

L'instant de récolter ainsi le trèfle est fixé par les besoins qu'on en éprouve ; mais si l'on veut en faire du fourrage sec, il faut le faucher lors de son entière floraison ; plus tôt, il serait moins abondant et moins nourrissant ; plus tard, il perdrait de sa qualité et épuiserait la terre inutilement.

Il est très-essentiel de faner le trèfle par un beau temps ; car, plus que toute autre espèce de fourrage, la pluie l'altère sensiblement.

Il faut faire en sorte de peu le remuer en le fanant, afin d'éviter la déperdition de ses feuilles, qui s'en détachent avec une extrême facilité, surtout par un temps sec et chaud.

On ne doit conserver un champ de trèfle au-delà de dix-huit mois de son existence qu'en cas de nécessité absolue, comme, par exemple, lorsque celui de l'année suivante n'a pas réussi, ou qu'on se trouve avoir un besoin indispensable de pacage.

Il faut observer aussi cette règle que le trèfle ne doit point revenir dans les mêmes terres au moins avant quatre ans; l'enfreindre serait s'exposer à n'obtenir que de très-minimes produits, et même à les voir complètement manquer.

Si l'on est assez heureux pour posséder des fourrages en surabondance, il convient d'enfouir la dernière coupe du trèfle, ce qui constitue un engrais végétal des plus puissants.

Parlons un peu maintenant du trèfle rouge ou incarnat.

Ce trèfle n'est pas aussi précieux que le trèfle commun, mais il n'en est pas moins pour cela d'une très-grande utilité; car, si ce dernier vient à manquer, il est avantageusement remplacé par le trèfle rouge, qui réussit à peu près sans culture, puisqu'il suffit de lui donner un hersage dont, au besoin même, il se passe.

On sème ordinairement ce trèfle dans sa gousse, sur le chaume des céréales, aussitôt après leur moisson. Plus précoce que le trèfle commun, il est d'une grande ressource au printemps, alors que les provisions de fourrage sec de toutes sortes sont épuisées et que les fourrages verts n'ont point encore poussé. Il ne produit qu'une coupe, mais elle est extrêmement abondante. Il a de plus l'inappréciable avantage de ne pas donner lieu aux accidents de la panse. Enterré en vert, il est, aussi bien que le trèfle ordinaire, un excellent engrais végétal. Sa précocité est telle, qu'après l'avoir récolté on peut encore obtenir, dans le champ qu'il occupait, une récolte tardive avant celle du blé. Les haricots surtout réussissent, dans ce cas, admirablement et préparent très-bien le terrain à recevoir une céréale.

Quant au trèfle blanc, il est particulièrement propre à former des pâturages, surtout pour les moutons. Il vient presque dans toutes les terres. Il ne s'élève pas à beaucoup près autant que les deux espèces précédentes, mais il est très-épais et des plus vivaces; sa durée est fort longue. On peut le semer indifféremment à l'automne ou au printemps.

Enfin, nous terminerons par cette remarque, applicable à toutes les espèces de trèfle, que plâtrées au printemps, dans la proportion de trois hectolitres par hectare, réparties par moitié à quinze jours d'intervalle, elles donnent des produits infiniment plus beaux que lorsqu'elles ne reçoivent point ce stimulant.

ART. 5.

De la culture du sainfoin.

Certains sols arides, de nature calcaire, seraient à peu près improductifs sans le secours de la précieuse plante fourragère connue sous le nom de sainfoin. Les produits de cette légumineuse ne sont pas, à la vérité, très-abondants; mais leur qualité est excellente, et ils n'ont pas, comme la luzerne et le trèfle, l'inconvénient grave d'occasionner la météorisation du bétail. Dans ces sortes de terrains, le sainfoin ne donne ordinairement qu'une coupe; mais dans ceux moins mauvais il peut, assez souvent, en fournir deux.

Comme il est extrêmement vivace, il constitue un pâturage pour ainsi dire permanent. Un semblable herbage est de plus très-sain, surtout pour les bêtes à laine.

L'amélioration qu'il procure aux mauvaises terres est vraiment étonnante; car tel champ de sainfoin qui, avant son établissement, était tout au plus susceptible de produire un seigle chétif, donne ensuite du bon froment, auquel on fait succéder avec succès des récoltes de diverses autres natures.

Cette fertilité peut se maintenir long-temps au moyen de rotations de cultures sagement combinées et de quelques engrais. Il faut bien se garder de faire revenir le sainfoin dans la même terre, si depuis sa destruction il ne s'est pas écoulé un nombre d'années au moins égal à celui de sa durée. On se créerait assurément des regrets en procédant autrement.

Les terres crayeuses ne sont pas les seules, du reste, dans lesquelles peut se cultiver le sainfoin ; celles sablonneuses, améliorées par la chaux et des fumiers, lui conviennent admirablement.

Lorsqu'on veut semer du sainfoin, il faut essayer de se procurer de la graine de la meilleure espèce possible, qui ait été récoltée bien mûre et qui soit nouvelle. Le plus sûr et le mieux est de la prendre chez soi ; mais si l'on n'a pas cette possibilité, on devra, pour cet objet, s'adresser de préférence à des producteurs connus ; car chez les marchands, quelque honnêtes qu'ils fussent, on serait fort exposé à être induit en erreur. On connaîtra que la graine remplit les conditions exigées, lorsqu'elle sera pesante, bien nette, lisse et n'exhalera pas de mauvaise odeur. La quantité à employer est de quarante ou cinquante décalitres par hectare. Cette quantité variera nécessairement quelque peu, selon la grosseur de la graine et la qualité du terrain auquel on la destinera.

C'est le commencement de l'automne qui est la saison la plus convenable pour semer le sainfoin. On peut cependant aussi, en s'y prenant dès le printemps, obtenir de bons résultats ; mais ils seront bien moins certains que par le mode précédent, à cause des sécheresses qui viennent à se produire, et auxquelles le sainfoin semé au printemps ne résiste que difficilement, n'ayant pas eu le temps, comme celui répandu en automne, de prendre des forces suffisamment préservatrices de l'inconvénient que nous signalons.

On sème le sainfoin seul ou dans une céréale; mais le premier mode, quoique le moins suivi, nous semble le meilleur, car il procure à la plante un accroissement bien plus prompt et une végétation beaucoup plus vigoureuse que l'autre mode, et cette influence se fait sentir pendant toute l'existence de cette plante, c'est-à-dire pendant huit ou dix ans.

Il serait donc d'une fausse économie de faire un semblable sacrifice pour obtenir une céréale.

Le sainfoin vient sur un seul labour; mais il prospère bien mieux si on a pu en donner plusieurs.

Le plâtre agit activement sur cette légumineuse; cependant, on risquerait d'énerver cette plante en lui appliquant un semblable stimulant dès la première année; il convient de le lui réserver pour la seconde, à la quantité de vingt-cinq décalitres par hectare, et d'en réitérer l'emploi tous les deux ou trois ans.

Lorsque le sainfoin a ses fleurs bien épanouies, il faut le faucher. Quant à sa fenaison, on doit l'accomplir d'après les principes qui régissent celle du trèfle.

ART 6.

De la culture de la vesce.

Tous les cultivateurs intelligents, appréciant les avantages de cette plante, lui donnent accès dans leurs exploitations, en proportion des besoins qu'ils en éprouvent. Ce sage exemple devrait être suivi par la généralité de ceux qui s'occupent d'agriculture ; mais il n'en est malheureusement pas ainsi, tant il est vrai que les bonnes méthodes ne prévalent que très-difficilement et fort lentement sur l'esprit de routine.

La vesce vient bien dans toutes espèces de sols et surtout dans ceux où la terre végétale abonde. Elle n'a pas rigoureusement besoin d'engrais, car elle tire de l'atmosphère la presque totalité de sa nourriture. Seulement, il est indispensable que le champ qui la reçoit ait été labouré profondément, afin que les racines pivotantes de cette légumineuse puissent facilement s'étendre.

Il existe deux variétés principales de vesce : celle de printemps et celle d'hiver.

C'est à cette dernière qu'il convient de donner la préférence, car elle est beaucoup plus productive que l'autre, soit comme fourrage, soit comme graine ; et, d'ailleurs, si de fortes gelées détruisent la vesce hivernale, on a la ressource de la remplacer par celle printannière.

La quantité de semence à employer est à peu près la même que pour le blé ; mais il en faut davantage si l'on se propose de récolter la vesce en fourrage.

Cette semence doit être peu enterrée, autrement elle courrait le risque de pourrir.

Il est d'un très-bon procédé d'y passer le rouleau après la herse, pour niveler la terre et rendre conséquemment l'action de la faux plus facile.

Dans le but de préserver un champ de vesce du ravage qu'y causent les insectes, et faire acquérir en même temps à cette plante tout l'accroissement dont elle est susceptible, il faut y répandre, par un temps calme, de la cendre ou du plâtre, ou bien encore de la chaux pulvérisée.

Bien qu'on veuille récolter la vesce en grains, il ne faut pas attendre leur maturité, autrement, par suite de l'extrême dessèchement des gousses, on en perdrait une grande quantité.

Si l'on destine cette plante à faire du fourrage, il y a lieu de la couper lors de sa complète floraison. C'est au même moment qu'on doit l'enfouir, si on veut l'employer comme engrais végétal.

Il est à remarquer que le fanage de la vesce demande beaucoup de soins, car les tiges étant très-aqueuses ne se dessèchent que fort difficilement.

Comme nourriture verte, la vesce est souvent d'un grand secours, principalement au printemps, où les fourrages sont presque toujours rares et d'un prix élevé. Afin de lui donner plus de développement, en procurant à ses tiges le moyen de s'élever, il faut mélanger à sa semence ou du seigle, ou de l'avoine, ou du sarrasin.

La vesce jouit, au plus haut dégré, de la propriété de nettoyer le sol, d'en opérer la division et de parfaitement le préparer à recevoir d'autres récoltes, surtout celle de blé. Elle est donc tout à la fois préparatoire et améliorante. Sous ce rapport, elle semble pouvoir remplacer avantageusement la plante sarclée. Nous ne saurions trop appeler l'attention des cultivateurs sur ce point.

Enfin, il arrive quelquefois que le trèfle qu'on a semé vient à manquer; la vesce de printemps est alors un excellent moyen de réparer cet accident.

ART. 7.

Des récoltes de fourrages.

Généralement on croit gagner en fauchant tard les prairies, soit naturelles, soit artificielles; c'est une erreur qui ne saurait trop être signalée. On obtient ainsi, sans doute, un plus gros volume de foin; mais le poids et la qualité en sont beaucoup moindres que si le fauchage en avait eu lieu quelques jours plus tôt.

Dès qu'on s'aperçoit que l'herbe commence à être en pleines fleurs, il faut la couper sans retard, à moins que les pluies ne viennent y mettre obstacle. Si l'on attendait le développement de la graine, le foin serait dur, léger et conséquemment peu appété par le bétail.

Il est essentiel que les taupinières et les fourmilières qui se montrent dans les prés aient été exactement détruites et que les pierres de la superficie en aient été soigneusement enlevées, autrement le travail des faucheurs serait imparfait, et il en résulterait une diminution assez considérable dans la récolte, par cette raison toute simple que l'herbe est beaucoup plus touffue à sa base qu'à un point plus élevé.

Lorsque le temps est beau, la fenaison est facile; mais il n'en est pas de même lorsqu'il est pluvieux; c'est alors qu'il faut le plus grand soin et qu'il est nécessaire de déployer la plus grande activité, si l'on veut obtenir du bon fourrage. Pouvoir disposer d'un nombre d'ouvriers suffisant, afin de mettre, à l'approche de la pluie, le foin en meules avec une grande promptitude, est une excellente chose. Semblable précaution doit, d'ailleurs, être prise tous les soirs, chaque fois que les andains ont été retournés. A mesure que la dessication s'accomplit, il faut augmenter les meules par la réunion de plusieurs d'entre elles. Dès que le beau temps semble se montrer, on ne doit pas perdre un instant pour étendre tous les tas; mais il est indispensable, lorsque le foin est convenablement préparé, de les former de nouveau, car une trop grande siccité enlèverait au fourrage une partie de ses qualités.

Ces derniers doivent être faits avec soin et se terminer en pointe ; ainsi disposés, ils redoutent peu les pluies.

Aucune négligence ne doit être apportée à rentrer le foin, lorsqu'il est prêt à être engrangé ; il faut donc organiser ses attelages de telle sorte qu'en un très-court espace de temps toutes les meules aient disparu de la prairie.

La préparation et la rentrée du foin sont certainement, de toutes les opérations d'agriculture, celles qui exigent le plus de surveillance pour obtenir de bons résultats ; aussi doit-on exercer cette surveillance par soi-même ou, du moins, y employer des préposés de confiance.

Du foin mal préparé nourrit peu le bétail, et lui cause souvent des affections épizootiques qui le déciment. Il est donc d'une importance capitale pour les agriculteurs de se prémunir contre d'aussi fâcheux accidents.

ART. 8.

De la manière de prévenir et de détruire la cuscute et l'orobanche.

S'occuper des moyens : 1° d'empêcher ces plantes essentiellement parasites de faire invasion dans les récoltes où, malheureusement, on ne les voit que trop souvent ; 2° et de les détruire lorsqu'elles viennent à s'y manifester, nous semble intéresser assez l'agriculture pour que nous croyions devoir consacrer à ce sujet les lignes suivantes :

Tout cultivateur prudent, avant de confier à la terre de la graine de luzerne, de trèfle, de lin, de chanvre et, en général, toutes celles dans lesquelles il appréhende le mélange de la cuscute ou de l'orobanche, doit user de l'un des deux moyens très-simples que nous allons indiquer.

Le premier, consiste à mettre la semence qu'on veut soustraire au fléau dont il s'agit, dans un crible dont elle ne puisse s'échapper, et par où passent seulement les graines de cuscute et d'orobanche.

Par le second, on soumet cette semence à plusieurs lavages consécutifs, avec addition de cendres pour les premières immersions.

Ces procédés, sagement exécutés, sont des préservatifs certains contre les parasites dont nous nous occupons ici. Si donc on les employait toujours, il n'y aurait pas besoin de se préoccuper de ceux ayant pour objet l'anéantissement de la cuscute et de l'orobanche à l'état de plantes; mais, puisqu'il n'en est pas ainsi, il nous reste à examiner ce qu'il convient de faire pour opérer la destruction de ces redoutables parasites.

Nous connaissons trois moyens d'arriver à ce but :

Le premier, qui s'applique principalement à la luzerne, est de la faire faucher fréquemment et très-près de terre dans les chaleurs de l'été; la plante parasite se trouvant ainsi privée de son soutien, est brûlée par le soleil, perd peu à peu sa vitalité et finit par périr.

Le deuxième, qui s'applique aussi plus spécialement à
la luzerne, indique de brûler de la paille sur les parties du
sol envahies par la cuscute ou l'orobanche, de façon à
anéantir complètement toutes les plantes qui s'y trouvent;
les racines des légumineuses vivaces, telles que la luzerne, n'étant point atteintes, ne tardent point à pousser
de nouveaux jets, plus vigoureux que les précédents, et
exempts de toute trace des plantes parasites qui existaient
précédemment au même endroit, et qui ont été détruites par
la combustion.

Le troisième moyen, consiste à répandre, dans une
épaisseur de deux centimètres, sur le terrain infesté, de
la chaux vive pulvérisée, et à enfouir cette chaux à dix ou
douze centimètres de profondeur, afin de la mettre en
contact immédiat avec les racines du parasite.

Mais, nous ne saurions trop le répéter, on ne devrait
jamais se placer dans le cas d'avoir recours à l'usage de ces
moyens, d'ailleurs quelquefois inefficaces, toujours coûteux,
et non dénués d'inconvénients, puisque, en prenant la
facile précaution que nous avons énoncée ci-dessus, on
peut se prémunir, avec toute certitude, contre l'invasion du
fléau.

ART. 9.

De la confection des meules de foin.

La meilleure méthode de conserver les foins est assurément de les placer à couvert dans des granges ou des hangars ; mais il arrive fréquemment que, n'ayant pas assez de locaux de ce genre à sa disposition, on est obligé de laisser en plein air une partie des foins qu'on a récoltés et, dès-lors, d'en faire des meules. Si ces meules sont bien établies, le fourrage qui les compose n'éprouve presque aucune altération ; mais si on n'a pas apporté à leur formation tout le soin qu'elles exigent, les eaux pluviales venant à s'y infiltrer, y causent un grand dommage, et quelquefois même en occasionnent la perte à peu près totale.

C'est donc en vue de prémunir de ce grave inconvénient les cultivateurs susceptibles d'en devenir victimes, que nous allons entrer dans les détails qui suivent :

Le terrain sur lequel on voudra construire une meule de foin devra être bien sain et plus élevé que les parties l'environnant. Si on en a la possibilité, on fera bien de garnir ce terrain d'un plancher exécuté avec du bois de peu de valeur ; on évitera ainsi l'altération de la couche inférieure de la meule, résultat de son contact immédiat avec le sol.

Si le terrain occupé par la meule n'était point bombé, il

faudrait pratiquer autour un petit fossé, pour servir d'écoulement aux eaux des pluies, dans une autre direction.

Les meules doivent être établies de telle sorte qu'elles soient plus étroites à leur base qu'à leur milieu, et qu'elles soient terminées en pointe; un fuseau indique à peu près la forme à leur donner. Cependant, elles peuvent être carrées ou oblongues. Le point essentiel est de leur attribuer le renflement et le sommet prescrits.

Il faut avoir la précaution d'en faire disparaître les inégalités; à cet effet, on les peignera avec un râteau, et, comme complément de l'opération, on les revêtira de couvertures en paille, faites le plus économiquement, mais ajustées le mieux possible.

Les meules, sans doute, doivent être à proximité des bâtiments de l'exploitation; néanmoins, il est prudent de les en tenir à une distance telle, qu'en cas d'incendie, il n'y ait pas double sinistre. On doit aussi, dans le même but, s'il y a plusieurs meules, les placer à une certaine distance les unes des autres.

Dès qu'on pourra disposer de bâtiments assez spacieux pour contenir le foin d'une meule, on agira sagement de l'y transporter, par un temps sec, en mettant dans ce travail la plus grande célérité, afin de ne pas être surpris par la pluie.

Si ces sortes d'abris font absolument défaut, et qu'on soit obligé de n'enlever que lentement et à diverses reprises le foin de la meule, il faut, en commençant du côté opposé à celui d'où viennent le plus souvent les pluies, couper, dans le sens perpendiculaire et très-uniformément, avec un instrument tranchant, les parties qu'on en veut détacher, en laissant chaque fois du même côté, à l'extrémité supérieure de ce qui reste de la meule, un rebord de dimension suffisante, pour préserver des eaux pluviales les parties inférieures.

ART. 10.

De l'importance, la conservation et l'emploi des pailles en agriculture.

Telle est l'ignorance de certains agriculteurs en économie rurale, qu'on les voit, méconnaissant les principes les plus élémentaires de la science agricole, vendre une partie des pailles qu'ils ont récoltées, au lieu de convertir cette paille en des engrais qui, appliqués judicieusement au sol, leur rapporteraient dix fois davantage.

Mais, disent ces agriculteurs, pour essayer de se justifier de leur conduite à cet égard, si nous ne vendions pas notre paille elle serait perdue, puisque nos bestiaux ne pourraient la consommer entièrement. En vérité, voilà une allégation profondément inintelligente. Eh quoi! ces agriculteurs se déclarent embarrassés de leurs pailles, parce qu'ils n'ont pas assez de bétail! Nous leur conseillerions bien, pour parer à cet inconvénient, d'augmenter leurs cheptels; mais ils ne manqueraient pas de nous répondre que leurs ressources pécuniaires ne leur permettent pas cette addition; aussi nous tairons-nous sur ce point. Mais qu'ils nous laissent leur faire remarquer que, sans accroître le nombre de leurs bestiaux, ils pourraient parfaitement employer leurs pailles, quelle qu'en fût la quantité, en doublant, triplant, quadruplant même la dose qu'ils en mettent d'ordinaire dans leurs étables, en répandant de cette paille avec profusion dans les cours de l'exploitation, et, dès qu'elle a été légèrement pourrie par le piétinement du bétail, ses déjections et les pluies, en l'amoncelant, afin d'arriver plus vite à sa décomposition et à sa conversion en engrais. Il ne leur restera plus alors qu'à transporter dans leurs terres cet élément de toute prospérité agricole, et ils obtiendront ainsi, nous le leur rappelons de nouveau, un profit infiniment plus grand que celui que leur aurait procuré la vente de ce qu'ils appellent leurs pailles inutiles.

Ajoutons, d'ailleurs, que la paille, lorsqu'on a pris les précautions nécessaires pour la conserver, précautions dont nous allons parler, peut très-bien servir de nourriture aux bestiaux, si on l'administre avec un fourrage plus substantiel. Seule, elle ne constituerait qu'une alimentation imparfaite, surtout pour les jeunes animaux et les bêtes de travail.

Pour arriver à la conservation de la paille qu'on se

propose de faire servir à la nourriture des bestiaux, il faut la lier et, lorsqu'on la met dans une grange, la changer au moins deux fois de place dans le cours d'une année. Si l'on en fait un gerbier en dehors, on doit fortement presser les faix, les disposer en forme de cône et les couvrir de manière à ce que les eaux pluviales ne s'y infiltrent pas. La paille se trouve ainsi livrée constamment à un courant d'air, et n'est point exposée à contracter une mauvaise odeur, comme cela arrive quelquefois à celle placée dans les granges.

La paille qui convient le mieux pour alimenter le bétail est celle de froment; cependant, celle d'avoine coupée un peu avant sa maturité, et qui n'a été que faiblement soumise au javelage, lui est préférable.

Un excellent procédé hygiénique en même temps qu'un moyen certain de faire manger sans répugnance toute espèce de paille par les animaux, est de l'arroser avec de l'eau salée, un peu avant de la leur donner.

CHAPITRE XII ET DERNIER.

SOMMAIRE.

ART. 1er.

De la culture du froment.

Il est peu de terres qui ne soient propres à cette culture,
si on leur applique les engrais et les amendements néces-

saires. Une vérité si manifeste semble cependant méconnue dans beaucoup de pays, où l'on s'adonne, presque exclusivement, à produire du seigle, bien que cette céréale soit moins avantageuse que la première et beaucoup plus casuelle. L'opinion que nous émettons ici est, du reste, partagée par le célèbre agronome Mathieu de Dombasle. Voici, en effet, ce que nous lisons dans ses *Annales de Roville* :

« D'après les observations que l'expérience de chaque
» année me confirme davantage, je suis porté à croire
» que l'on est, en général, trop disposé à restreindre la
» culture du froment, en consacrant exclusivement au
» seigle des sols que l'on ne croit devoir produire que
» cette dernière céréale. A l'aide d'une bonne culture, le
» froment peut réussir dans un grand nombre de terres
» que l'on destine uniquement au seïgle, etc. »

Quant à la manière de préparer le sol pour recevoir du froment, nous pensons que la meilleure et la plus économique en même temps, est de le disposer en prairie artificielle, ou de l'emblaver en plantes sarclées ou en vesces.

Il est indispensable, lors de ces deux dernières emblavures, de fumer abondamment la terre, surtout si elle ne contient naturellement que peu d'humus. Il faut, en outre, lui administrer de la chaux ou de la marne, lorsqu'elle en comporte, c'est-à-dire si elle n'est pas de nature calcaire, ou si elle a reçu déjà depuis long-temps ce genre d'amendement.

A l'égard de la coûteuse et absurde jachère, nous la proscrivons de la manière la plus absolue. Ajoutons que nous sommes surpris que bon nombre de cultivateurs passent une grande partie de leur temps à labourer, à diverses reprises, leurs terres, quand il leur serait facile de s'éviter un si rude travail par l'emploi de la méthode de l'alternat, et qu'ils obtiendraient ainsi de meilleures récoltes que par la jachère.

Le choix de la semence est chose importante pour la réussite complète d'une emblavure en froment. C'est donc une erreur profonde de croire que tous les grains de cette céréale peuvent servir indifféremment à la reproduction.

Ceux qui sont bien nourris donnent des produits infiniment supérieurs à ceux qui sont dépourvus de cette qualité, et résistent, beaucoup mieux qu'eux, aux accidents amenés par les intempéries. On doit, conséquemment, rejeter attentivement de la semence tous les mauvais grains, et l'on y parviendra certainement en faisant usage de bons cribles-trieurs.

Le moment le plus favorable de confier à la terre le froment est l'automne. Dans le nord de la France, on peut le semer dans les premiers jours de septembre; mais dans le centre et dans le midi, il est mieux d'attendre, pour cette opération, le commencement d'octobre.

La quantité de semence à employer est, à peu près, de deux litres par are; mais il est évident que cette quantité doit varier selon le degré de bonté et de préparation de la terre et l'époque à laquelle a lieu l'ensemencement; car, s'il est tardif, il faudra semer plus dru.

Il est indispensable que le sol où se trouve l'emblavure de froment soit parfaitement assaini ; à cet effet, il ne faut rien négliger. Des raies d'égouttement doivent donc être tirées dans tous les endroits où elles paraissent utiles, et le curage doit en être parachevé à la pelle. Le séjour des eaux et la trop grande humidité sont les plus dangereux ennemis des champs de froment, et il faut s'en prémunir par tous les moyens possibles.

Certaines terres forment, au printemps, à leur superficie, une croûte qui nuit singulièrement à la végétation de ce grain. Il y a lieu dans ce cas d'y passer la herse à dents de fer ; plus celles-ci sont longues, plus les résultats qu'elles procurent sont avantageux. Il serait puéril de s'effrayer du bouleversement qu'une pareille herse semble produire sur le sol; en effet, très-peu de plants sont ainsi déracinés, et tout le reste tire un grand profit de cette opération qui, en définitive, est un véritable binage.

D'autres terres sont, au contraire, trop ameublies ou sont gonflées démesurément par l'action des gelées. Dans ces terres-là, il est évident que ce n'est pas la herse qui convient, mais bien le rouleau. Par le passage de ce dernier instrument, on rechausse les racines des plantes dont la plupart sont dénudées, et l'on prévient ainsi, non-seulement l'anéantissement d'un grand nombre de ces plantes, mais encore on procure à toutes une luxuriante végétation.

Il faut donc espérer qu'en présence d'avantages aussi marqués, on appliquera généralement, dans un petit nombre d'années, la herse et le rouleau à l'usage dont nous venons de parler.

Quelquefois il arrive que le froment pousse avec une vigueur telle qu'on appréhende qu'il ne verse ; pour empêcher ce fâcheux inconvénient de se produire, il existe deux moyens principaux et bien simples. Ils consistent : l'un à faire pâturer cette céréale au printemps par un troupeau de moutons, l'autre à couper les tiges un peu avant l'apparition des épis.

Quant à la moisson du froment, on devra y procéder un peu avant sa maturité, car on obtient ainsi un grain plus pesant et de meilleure qualité que si on attendait son entière dessiccation.

ART. 2.

De la culture du seigle.

Bien que dépourvue de matière glutineuse, cette céréale donne un pain de bon goût, sain et très-nourrissant. Elle occupe une large part dans l'alimentation humaine. Son grain, même à quantité bien inférieure, tient lieu d'avoine aux chevaux. Sa paille, plus longue et plus belle que celle de toutes les autres céréales, sert à une foule d'usages, notamment à faire des liens et à couvrir les maisons. Enfin, pâturé ou coupé en vert, le seigle est une excellente nourriture pour le bétail.

Tous ces avantages sont précieux et recommandent naturellement cette utile graminée.

Cependant comme, en définitive, elle est moins productive, et n'est pas d'une aussi grande consommation que le froment, il ne faudrait pas en étendre la culture au préjudice de celle de ce dernier grain. C'est précisément ce qui a lieu dans beaucoup de localités, où l'on voit de vastes plaines couvertes de seigle; sans doute parce que ceux qui en jouissent les croient impropres à la production du froment qui, au contraire, leur serait parfaitement approprié, si on leur donnait les amendements voulus.

Sous la réserve de ces observations, nous allons parler maintenant du mode de culture du seigle.

Tous les terrains dans lesquels ne domine pas l'humidité lui conviennent, mais plus spécialement ceux de nature légère ou sablonneuse. Un seul labour, bien exécuté, peut lui suffire; mais toutes les fois qu'on en exécutera un plus grand nombre, on aura lieu de s'en féliciter.

Une bruyère, bien écobuée, produit ordinairement, la première année même, une bonne récolte de seigle.

On fait, avec succès, suivre le seigle au froment, si, aussitôt après la levée de ce dernier grain, on en enterre le chaume qui reste ainsi enfoui jusqu'au labour qui a lieu au moment d'emblaver ; ce chaume ayant eu par conséquent le temps de se décomposer, constitue une fumure légère, à la vérité, mais suffisante pour assurer la prospérité du seigle.

Enfin, cette graminée partage avec l'avoine le privilége de donner, sur les hautes montagnes, des récoltes passables, et procure de la sorte, aux possesseurs de ces héritages ingrats, le moyen d'en tirer un parti avantageux.

Il est essentiel de ne semer toujours que du grain parfaitement nettoyé, et de le soumettre au préalable à l'opération du chaulage ; car s'il n'est pas sujet à la carie, il l'est à d'autres maladies, telles que la rouille, le charbon et l'ergot, dont il se trouve ainsi préservé.

Quant à la quantité de semence à employer, elle est environ de deux hectolitres par hectare. On doit peu la recouvrir. A cet effet, on se sert d'une herse en bois ; si la terre était bien légère et fort sèche, il faudrait en outre la rouler.

Bon nombre de cultivateurs jugent à propos de se dispenser de ces opérations, et emblavent leur seigle en sillons ; mais nous sommes loin d'approuver ce procédé, qui, entre autres inconvénients, a celui de proscrire à peu près le trèfle.

Il est avantageux de semer le seigle de bonne heure ; il résiste ainsi, bien mieux, aux rigueurs de l'hiver. L'époque qui semble la plus convenable dans nos climats pour faire cette emblavure, est le mois de septembre. On peut aussi y procéder au printemps ; mais alors on n'en obtient que de très-chétifs produits. On agira donc sagement en s'abstenant d'une semblable emblavure, à moins qu'on ne s'en propose une nourriture verte.

En ce qui concerne la moisson du seigle, elle doit s'accomplir dans les mêmes conditions que celles du froment.

ART. 3.

De la culture de l'orge.

Peu partisan de cette culture, que nous considérons comme épuisant excessivement le sol, et d'une réussite toujours très-incertaine, nous ne sommes nullement disposé à la préconiser. Cependant comme, malgré ses défauts, elle est très-usuelle, nous allons rappeler les procédés qui nous paraissent devoir être employés par les cultivateurs qui ne craignent pas de se livrer à ce genre de production.

Il y a plusieurs espèces d'orges ; il n'entre pas dans notre cadre de les énumérer. Nous indiquerons seulement les deux principales, qui sont : celle appelée d'hiver et celle dite de printemps. Mais de quelque espèce qu'elle soit, cette céréale exige un terrain meuble, pulvérisé, riche en humus, qui soit à la fois sablonneux et argileux, et qui ait été marné ou chaulé. On pourrait réussir, il est vrai, dans

d'autres natures de sol, mais ce ne serait qu'exceptionnellement, et que parce qu'on aurait été favorisé par un
concours de circonstances extrêmement favorables, sur lesquelles il ne serait pas raisonnable de compter.

L'orge étant sujette à la maladie appelée charbon, et le
préservatif certain de cette affection étant l'immersion de la
semence dans le lait de chaux, il ne faut point négliger
l'usage de cette précaution.

La quantité de semence à employer est d'environ deux
hectolitres par hectare. La laisser tremper quelque temps
dans l'eau avant de s'en servir, en accélère singulièrement
la germination; on doit donc adopter cette méthode.

Il est essentiel de procéder à l'emblavure de l'orge par
un temps sec, d'enterrer la semence à huit ou dix centimètres de profondeur, et de ne pas en employer qui ait été
échauffée.

Dans le cas où, avant la naissance de cette graminée, il
viendrait à se former, par suite d'une forte pluie, une
croûte sur le sol, il faudrait rompre cet obstacle par un
hersage dès que la terre serait suffisamment essuyée, afin de
donner un passage à la pointe des grains, qui seraient fort
exposés à ne point se montrer si on les laissait ainsi com-
primés.

L'orge, germant avec une grande facilité, on doit s'attacher à la récolter aussi par un temps sec, et à mettre dans
son engrangement la plus grande célérité.

Cette céréale, surtout la variété dite d'hiver, étant coupée en herbe et avant le développement de ses épis, constitue une excellente nourriture pour le bétail, principalement pour les vaches, auxquelles elle procure une augmentation très-sensible de lait.

On tire aussi un très-bon produit d'un champ d'orge, en en consacrant le produit à la pâture des moutons ; car, outre cet avantage, on prépare ainsi très-bien la terre à recevoir une bonne récolte de haricots, à laquelle succède le froment avec une réussite presque toujours constante.

Enfin, dans les terres fertiles, on peut, après une première coupe d'orge verte, en prendre une seconde parfaitement susceptible d'être convertie en fourrage sec.

ART. 4.

De la culture de l'avoine.

Cette graminée étant une excellente nourriture pour le bétail et surtout pour les chevaux, qui en font une énorme consommation, nous lui consacrons le présent article.

Disons, avant d'aller plus loin, qu'elle pourrait au besoin, sans inconvénient, servir à l'alimentation humaine ; que, dans le nord de l'Europe, les gens de la campagne s'en nourrissent généralement, ce qui ne les empêche pas d'être très-vigoureux ; que même, au rapport de Pline, les Gaulois et les Germains, nos braves ancêtres, hommes robustes s'il en fût jamais, vivaient de bouillie faite avec de la farine d'avoine.

Cela dit, passons à l'examen de la culture de cette céréale.

On choisit ordinairement pour la semer les plus mauvais terrains ou ceux que de nombreuses récoltes antérieures ont appauvris, et on ne donne presque toujours à ces terrains qu'un seul et mauvais labour, comme si l'avoine ne méritait pas plus de soins. Cependant il arrive souvent, qu'à raison de la tendance de son prix à s'élever et de l'abondance de son produit, elle rapporte plus que le froment, principalement lorsque la terre est bien préparée; car, outre la quantité, il en résulte, dans ce cas, un grain très-gros et fort pesant.

Il est tout à fait avantageux de semer l'avoine dans des terrains nouvellement défrichés; on peut même la faire revenir plusieurs années consécutives dans ces sortes de terrains, sans aucun inconvénient. Bien plus, les dernières récoltes sont souvent plus belles que les précédentes. Cela vient de ce que la désagrégation des végétaux et des débris ligneux, s'accomplissant lentement et tardivement, engendre un humus que s'assimilent avec une grande force les plants d'avoine, dès qu'il a atteint sa perfection, et qui ne produirait pas, à beaucoup près, autant d'effet sur les autres espèces de céréales.

Si le sol où l'on sème l'avoine a été fumé, il en résulte, tout naturellement, une abondante récolte de cette céréale, sans pour cela, chose remarquable, que les forces nutritives du fumier ainsi employé paraissent en être affectées.

Il y a une grande variété d'espèces d'avoine. Telles d'entre elles, qui semblent avantageuses à certains agriculteurs, sont exclues par d'autres; à cet égard, chacun peut donc se conformer à ses appréciations personnelles.

L'avoine, semée avant l'hiver, lorsqu'elle ne traverse pas des froids excessifs, rapporte toujours beaucoup plus que celle printanière; son grain est mieux nourri et beaucoup plus lourd. Si l'on n'a pu faire cette emblavure en automne, on doit s'efforcer de l'établir à la fin de l'hiver ou dès le commencement du printemps; on obtiendra ainsi des résultats bien meilleurs qu'en s'y prenant plus tard. C'est ici le cas de rappeler ce vieux et quelque peu trivial proverbe agricole, qu'*avoine de février remplit le grenier*.

Il faut bien se garder de semer l'avoine trop épaisse; car, si les plants sont serrés, ils s'épuisent réciproquement et ne donnent que de chétifs produits.

Avant d'employer cette semence, il est d'une excellente méthode de la passer, comme le froment, à l'eau de chaux; car, pas plus que ce genre de graminée, elle n'est exempte de certaines maladies dont la chaux est le préservatif.

Il est très-économique, avant de semer l'avoine, de la disposer dans un cuvier ou tout autre vaisseau de capacité suffisante, dans lequel on verse de l'eau, en assez grande quantité, pour faire surnager les grains très-nombreux impropres à la germination, qui seraient perdus s'ils étaient mis en terre, et qui, au moyen du procédé que nous conseillons, servent à la nourriture du bétail ou de la volaille.

Tous les grains qui, après cette opération, n'apparaissent pas à la surface du liquide, peuvent être semés avec une entière certitude, dès qu'ils sont secs, et après avoir été soumis à l'eau de chaux.

Souvent, il existe de nombreuses et fortes mottes dans les champs d'avoine. Il y a lieu de s'attacher alors à les pulvériser. A cette fin, dès que la terre, au printemps, paraît bien essuyée, on la roule et on la herse avec de bons instruments, ce qui, outre le nivellement désiré, produit l'effet d'un binage et donne, conséquemment, une grande vigueur aux plantes.

Dans les terrains de nature poreuse, qui s'enflent et s'ameublissent démesurément par l'action des gelées, il faut employer exclusivement le rouleau.

C'est un bien vicieux système que celui qui enseigne de couper l'avoine avant sa maturité. Il vaut mieux s'exposer à en perdre par l'égrenage que de la récolter hâtivement; on obtient ainsi un grain de bien meilleure qualité. Le javelage ne devrait donc être employé pour l'avoine qu'avec beaucoup de circonspection ; car il arrive souvent que, pour avoir voulu user de ce procédé, on a des récoltes d'avoine fort endommagées par les pluies continuelles et prolongées.

Lorsque l'avoine a été coupée avant d'être mûre, elle est susceptible de fermenter dans le grenier, au point qu'elle s'altère sensiblement si on n'a pas le soin de la remuer très-fréquemment. Cette précaution est d'une indispensabilité absolue.

L'usage de la paille d'avoine pour les chevaux et les bœufs est très-favorable à leur santé ; on agira donc sagement en la réservant entièrement à cet emploi.

ART. 5.

De la culture du sarrasin ou blé noir.

L'histoire agronomique nous apprend que cette plante n'a pas toujours existé dans nos climats, et qu'elle y a été introduite par les Sarrasins, dont on lui a donné le nom. Que cette version soit exacte ou non, peu nous importe ; nous n'avons pas à nous y arrêter. Notre mission n'est point de traiter des sujets scientifiques de ce genre, son objet est plus simple : l'étude de l'agriculture toute positive. C'est donc exclusivement dans ce sens que nous nous occuperons de la céréale dont il s'agit.

Dans certaines contrées de la France, on cultive de grandes étendues de terre en blé noir, lequel est principalement appliqué à l'alimentation des classes pauvres ; mais, totalement dépourvu de gluten , ce grain ne donne que du pain de mauvaise qualité ; aussi ne cherchons nous point à le préconiser sous ce rapport. Ajoutons que nous ne concevons pas qu'avec les moyens certains qu'on possède maintenant de faire produire aux sols les plus rebelles des seigles ou des froments , il se trouve encore des pays où la généralité des habitants se nourrit de pain confectionné avec de la farine de sarrasin.

C'est au bétail, auquel il convient parfaitement, qu'il faut réserver le blé noir. Il engraisse vite les porcs ; on peut l'administrer aux chevaux pour remplacer l'avoine ; il plaît beaucoup aux volailles, et il a la vertu d'accélérer et d'augmenter leurs pontes.

Les fleurs du sarrasin procurent aux abeilles du miel en abondance; ses tiges vertes fournissent aussi aux bestiaux une nourriture saine, pourvu qu'elles ne soient point encore en fleurs, car alors elles sont enivrantes et, comme telles , occasionnent de graves accidents.

L'un des grands avantages d'une récolte de sarrasin est de tenir lieu de sarclage, en étouffant complètement, par ses nombreux rameaux, toutes les autres plantes ; elle est donc une excellente préparation pour les emblavures suivantes.

C'est injustement que quelques agronomes lui ont reproché d'être épuisante ; elle n'a pas ce défaut, car elle tire presque exclusivement ses principes nutritifs de l'atmosphère.

Le sarrasin enfoui, lorsqu'il est en pleines fleurs, constitue un engrais végétal de premier ordre ; il vaut, au moins, une bonne demi-fumure.

Ses tiges sèches, converties en litières, produisent un fumier très-actif.

Il arrive souvent qu'au moment où son grain va se former, il survient une gelée qui enlève tout espoir de faire une récolte de ce genre ; il faut, dans ce cas, rouler les tiges de la plante et les enfouir sans tarder ; l'effet qui en résulte est à peu près le même que celui qui se serait produit si elles eussent été enterrées un peu plus tôt.

Abordons maintenant le mode de culture du blé noir.

Presque toujours on le sème dans de la terre qui n'a pas été convenablement préparée ; de là, les nombreuses déceptions que fait éprouver cette espèce de récolte. Si l'on apportait un peu plus de soin à cet égard, on réussirait bien plus souvent. Une légère fumure produirait surtout une efficacité marquée.

Du reste, tous les sols, à l'exception de ceux par trop tenaces ou humides, conviennent à cette plante. Elle prospère tout particulièrement sur les terres de bruyères bien assainies. Parcourant très-vite le cours de sa végétation, elle est propre à servir de récolte dérobée. Mais comme elle craint beaucoup les gelées, il ne faut commencer à la semer que lorsqu'on n'a plus à les appréhender, c'est-à-dire vers les premiers jours de juin.

Quant à la quantité de graine de sarrasin à employer, elle

doit être d'un hectolitre par hectare, lorsqu'on veut enfouir les tiges en vert, et d'un quart en moins, si l'on a l'intention d'en récolter le grain.

Il est nécessaire que cette graine soit bien enterrée et le sol qui la reçoit bien ameubli. Répandues en même temps qu'elle, dans la proportion de vingt-cinq hectolitres par hectare, les cendres sont un excellent moyen d'augmenter les chances de réussite d'une récolte de cette nature. Nous conseillons d'autant plus vivement ce procédé, que nous l'avons appliqué pour nous, toujours avec succès.

ART. 6.

De la culture du maïs.

Le maïs, bien que constituant une précieuse ressource pour l'alimentation des hommes et des animaux, est cependant peu cultivé en France. Nous comprenons facilement cela quant à nos pays septentrionaux, car il n'y arrive que rarement en maturité; mais en ce qui concerne les autres points de la France, où il vient fort bien et où, par conséquent, il est de l'intérêt général et particulier de se livrer, dans certaines limites, à cette production, nous ne voyons pas pourquoi on paraît tant la négliger.

Quoi qu'il en soit, nous allons essayer d'en tracer ici les règles les plus essentielles, et d'en faire ressortir les principaux avantages.

Comme pour beaucoup d'autres produits, les terres dans lesquelles on veut semer du maïs doivent être meubles et substantielles. Toutes à peu près, lorsqu'elles sont légèrement humides, sont propres à cette culture; cependant, il faut toujours donner la préférence à celles d'alluvions, volcaniques, d'étangs desséchés et de défrichements de prairies ou de bois.

Le maïs conserve, il est vrai, ses principes de germination pendant de longues années, mais il vaut mieux semer du plus nouveau. En outre, on doit faire en sorte qu'il provienne des épis les plus beaux et ayant acquis leur entière maturité. Tous ceux peu nourris seront rejetés, car ils ne donneraient qu'un chétif produit.

Lorsque, par une cause quelconque, on se trouve forcé d'emblaver tardivement le maïs, il faut, pour accélérer sa germination, en immerger la semence de manière à la faire légèrement ramollir. L'époque la plus convenable pour opérer cet ensemencement est le printemps, dès qu'on commence à ne plus craindre les gelées. Il doit avoir lieu en ligne, espacées les unes des autres de soixante-dix centimètres environ, et de manière à ce que les tiges conservent entre elles la même distance.

Il faut peu enterrer les grains; enfouis à plus de trois centimètres de profondeur, ils naissent difficilement et pourraient même ne pas lever.

Aussitôt que les plantes de maïs étalent leurs trois premières feuilles, on doit, sans tarder, leur donner un premier binage, et, lorsqu'elles ont atteint une hauteur d'un demi-mètre, il y a lieu de les butter. Il est très-avantageux de recommencer cette opération lorsque les épis sont formés ; d'ailleurs plus on donne de façons à cette graminée, plus ses produits sont beaux.

La maturité du maïs s'annonce par le dessèchement des feuilles qui entourent le grain et par la dureté de celui-ci. On peut alors procéder à la cueillette des tiges ; mais si le temps est humide, il faut la différer jusqu'à ce qu'il soit devenu sec.

Pour empêcher la fermentation des épis, on doit, s'il se peut, le jour même où on les récolte, les dépouiller de leur enveloppe. Il faut ensuite aviser au moyen de les faire sécher. Dans les contrées méridionales, on y arrive en plaçant les épis dans un endroit sain et en les remuant fréquemment ; mais dans les pays moins chauds, on est obligé, pour obtenir leur dessication, de les mettre dans des fours.

Toutefois, il ne faudrait pas employer ce dernier mode à l'égard des épis qu'on destine à la semence, car il les rendrait tout à fait impropres à la germination. On doit pour ce cas suspendre ces épis dans un endroit où, en même temps qu'ils se trouvent à l'abri des intempéries, ils soient suffisamment aérés.

Il existe un grand nombre de procédés d'égrener le maïs ;

chacun peut suivre celui qui lui paraît le plus convenable ; mais il importe que ce grain soit bien vanné.

Sa conservation ne peut s'accomplir que lorsqu'il est parfaitement sec. Cette condition est même insuffisante, car on a encore à redouter les ravages des insectes. Pour l'en préserver, nous ne connaissons pas de meilleur moyen que de le mettre dans des tonneaux hermétiquement bouchés, mais non entièrement remplis, et dans lesquels on fait brûler une mèche soufrée ; puis on roule un peu ces tonneaux de temps à autre.

Le maïs, du reste, n'est pas seulement un excellent farineux, on peut aussi s'en servir pour obtenir un fourrage des plus riches et qui convient admirablement aux bestiaux, en le semant, soit à la volée, soit en lignes, mais en quantité quadruple de celle employée pour avoir du grain. Pour former une prairie de ce genre, on doit s'y prendre depuis le courant de mai jusqu'à la mi-juillet. Si, au lieu d'en faire consommer le produit par le bétail, on s'en sert comme engrais végétal, la terre en ressent presque autant d'effet que si elle avait été passablement fumée.

Enfin, le froment qui succède à une bonne emblavure de maïs, sèche ou verte, est ordinairement fort beau.

ART. 7.

De la culture des haricots en plein champ.

La culture des haricots, lorsqu'elle est faite selon certaines règles, étant très-productive et ayant pendant plusieurs années une influence avantageuse et bien marquée sur le sol, nous ne saurions la passer sous silence.

Il y a une infinité de variétés de cette utile légumineuse, mais on peut les ramener à deux principales : celle qui exige d'être ramée et celle qui en est dispensée. C'est cette dernière qu'on doit adopter pour la grande culture, comme donnant moins d'embarras que l'autre, bien que produisant à peu près autant.

Il est essentiel néanmoins de s'attacher, surtout dans les contrées septentrionales, aux variétés hâtives ; car les haricots, étant originaires des pays chauds, craignent beaucoup les moindres gelées. Pour se soustraire autant que possible à cet inconvénient, il faut donc que cette culture s'accomplisse entre les derniers froids du printemps et les premiers de l'automne. Ne pas observer cette prescription, c'est compromettre gravement le succès de la récolte.

Les haricots peuvent se cultiver dans toutes espèces de terres. Toutefois, ils prospèrent mieux sur celles légères et quelque peu substantielles que sur celles d'une autre nature.

Il est très-avantageux de les semer dans un terrain venant de donner une récolte de trèfle incarnat, si cette récolte a été précoce et que le labour du champ a eu lieu aussitôt après l'enlèvement. Alors ils réussissent ordinairement fort bien, et constituent une emblavure intercalaire qui prépare admirablement le sol à recevoir une céréale d'automne.

Le mode de semis à la volée doit être rejeté pour les haricots ; il faut absolument qu'ils soient semés à rayons ; car cette plante exige, pour sa réussite, au moins deux binages qui doivent se faire : le premier peu de temps après sa naissance, et le second lorsqu'elle commence à fleurir. Sans ces binages, on n'obtient que de chétifs produits, et le terrain se garnissant de mauvaises herbes, les récoltes subséquentes, soumises à l'influence d'une aussi vicieuse préparation, sont loin d'être aussi belles qu'elles le seraient devenues si les façons, dont il s'agit, leur eussent été données. Toutefois, si on sème les haricots dans un terrain où l'on vient de prendre en vert un trèfle incarnat, on peut, dans ce cas, ne les soumettre qu'à un seul binage.

Il faut avoir soin de n'arracher les plants de haricots que lorsqu'ils sont bien secs, autrement il en pourrirait beaucoup. On les dispose, dans le champ même, en petits paquets, et, quand ils sont suffisamment essuyés, on les enlève pour les placer à couvert dans un endroit sain.

On doit laisser les grains dans leurs gousses tant qu'on

ne veut pas en disposer ; car, de cette manière, leur cuisson est plus facile et ils perdent moins de leurs principes végétatifs.

Du reste, les haricots sont parfaitement à l'abri de l'attaque des insectes. Si donc ils ont été récoltés avec les précautions que nous venons de rappeler, ils peuvent se conserver pendant un très-grand nombre d'années.

ART. 8.

De la culture des pois en plein champ.

Cultivés seulement dans les jardins, les pois ne suffiraient point aux besoins de la consommation ; on les récolte donc aussi en plein champ, et leur produit ne laisse pas que de procurer certains avantages dont nous énumérerons plus loin les principaux.

Cette culture demande un terrain bien ameubli, sain et léger ; elle réussit parfaitement dans un sol nouvellement défriché, s'il est dans ces conditions. Selon les variétés, on les sème, soit au printemps, soit à l'automne, à la volée ou à rayons ; mais ce dernier mode est préférable à l'autre, en ce que, par les binages qui en sont la conséquence, il fait obtenir un produit plus considérable et nettoie très-bien le sol. Les lignes doivent être espacées d'environ quarante centimètres, et la même distance doit être observée entre chaque plant.

Pour éviter l'emploi des rames, emploi toujours onéreux, il ne faut semer en plein champ que des espèces à basses tiges.

On tire, surtout près des grands centres de population, un bien meilleur parti des pois en grains lorsqu'ils sont verts que lorsqu'on les récolte secs ; mais on n'en obtient ainsi qu'un écoulement partiel, et tel n'est pas d'ailleurs l'objet principal de leur culture. Arrivés à dessiccation, ils sont partout d'une vente et d'un emploi faciles. Outre l'alimentation humaine, ils servent à celle des bestiaux, à la santé desquels ils conviennent parfaitement, et qu'ils engraissent avec une grande promptitude si on les leur donne mêlés avec de la farine d'orge, et ils leur procurent de plus une chair ferme et d'un goût excellent.

Les pois, semés épais et à la volée, constituent aussi un fourrage de première qualité. Si l'on veut faire consommer ce fourrage en vert, on doit le faucher aussitôt qu'il est défleuri ; si, au contraire, on le destine à être mangé sec, il faut attendre pour le couper que sa maturité soit presque accomplie.

On peut aussi enfouir les pois lorsqu'ils sont en fleurs, pour servir d'engrais végétal.

Ce qu'il importe bien de remarquer, c'est que quand un champ a produit des pois à l'état sec, il y a lieu de laisser écouler un intervalle d'au moins six années avant d'en faire revenir d'autres dans ce même champ.

Enfin, les céréales qui suivent une récolte de pois, surtout ceux fauchés en vert, sont ordinairement fort belles ; il suffit d'un seul labour, fait opportunément, pour obtenir ce résultat avantageux.

ART. 9.

De la culture de la fève en plein champ.

Cette culture n'est pas aussi répandue qu'elle devrait l'être ; en effet, elle offre, ainsi qu'on le verra plus loin, de précieux avantages.

Elle est du reste fort peu dispendieuse, car un seul labour, surtout s'il est donné avant l'hiver, est presque toujours suffisant pour l'ensemencement convenable d'un champ de fèves. Les engrais, sans doute, en augmentent le produit, mais ils ne sont pas indispensables assurément pour sa réussite.

Toutes espèces de terres, à peu près, conviennent à cette légumineuse ; on la voit principalement prospérer sur un défrichement de prairie.

L'époque à laquelle il faut la semer est l'automne pour les contrées méridionales, et le printemps pour les pays septentrionaux, dès que les gelées paraissent terminées. Si l'on attendait plus tard, on s'exposerait à voir manquer la récolte, soit à cause de la sécheresse, soit par l'atteinte des pucerons.

Bien que les fèves, datant de plusieurs années, ne soient point impropres à la germination, il est avantageux néanmoins de leur préférer celles moins anciennes ; on obtient ainsi des plants plus vigoureux.

On ne doit semer les fèves à la volée que lorsqu'on veut les faucher en vert ou les enfouir comme engrais ; mais si l'on est dans l'intention de les récolter en grains, il y a nécessairement lieu de les semer à rayons distants de trente-trois centimètres environ les uns des autres. Par ce dernier mode, on épargne beaucoup de semence, on obtient un beau produit et on nettoie parfaitement le sol.

Un excellent moyen d'améliorer la germination des fèves, c'est de les faire tremper dans l'eau pendant un jour avant de les mettre en terre. Lors donc qu'on se trouve en retard, il ne faut pas hésiter à employer ce procédé.

Il est essentiel, dès que les fèves sont levées, de les faire sarcler et de renouveler cette opération lorsque les mauvaises herbes apparaissent. Ces deux sarclages suffisent ordinairement.

Aussitôt que les fèves sont en fleurs, il est d'une bonne méthode d'en couper les tiges à quelques centimètres du sommet ; on empêche souvent ainsi l'invasion des pucerons et on augmente la grosseur du fruit.

Il faut attendre pour couper les fèves qu'elles soient bien mûres ; on les laisse ensuite sur le sol tant qu'elles ne sont pas complètement sèches. Alors, et autant que possible par un beau temps, on les enlève, puis on les place dans un endroit sain et bien couvert, où elles restent jusqu'à leur battaison, qu'il est bien de n'opérer qu'à mesure des besoins ; car les fèves se conservent beaucoup mieux dans leurs gousses que lorsqu'elles en ont été extraites.

De toutes les plantes qu'on enfouit en vert comme engrais, la fève est celle qui produit le plus d'effet sur le sol, et qui le prépare le mieux à recevoir des céréales. Cette vérité manifeste semble cependant peu connue, à en juger par le petit nombre de cultivateurs qui se livrent à la culture de cette utile graminée.

Les fèves sont aussi essentiellement propres à l'engraissement des animaux ; nous ne saurions donc trop conseiller de les employer à cet usage.

ART. 10.

De la culture de la pomme de terre.

Que de reconnaissance ne devons-nous pas à l'homme qui a introduit ce précieux tubercule sur notre continent ! Certes, c'est bien à lui qu'appartient le titre de bienfaiteur de l'humanité, et qu'il faudrait ériger une statue commémorative de ce grand acte de bienfaisance. Mais, en présence de la multiplicité des versions contradictoires qui existent sur le nom de cet importateur, il devient impossible de le fixer d'une manière précise; on est donc forcé consé-quemment de ne point lui rendre les honneurs qu'il mérite.

Avec la ressource alimentaire que crée la culture de la pomme de terre, culture étendue telle qu'elle l'est de nos jours, les terribles famines qui se sont produites à certaines époques, dans nos contrées, ne sont, Dieu merci, plus à craindre ; car, d'un goût excellent, et parfaitement saine, la pomme de terre est, en outre, fort nourrissante et peut très-bien tenir lieu de pain. A ce titre, elle mérite certaine-ment d'être classée au premier rang dans les produits de notre alimentation.

Cette solanée vient à peu près dans tous les terrains ; mais son rendement est plus ou moins considérable, selon les diverses natures de ces terrains et les genres d'engrais qui y sont appliqués. Elle aime surtout un sol très-substan-tiel et des fumures copieuses. Elle réussit aussi très-bien sur un défrichement, car, par le travail qu'elle exige et la parfaite incorporation qui en résulte, elle prépare admira-blement ce genre de terrain à donner une suite d'abondantes récoltes de différentes espèces.

La pomme de terre semble faire exception à la loi de l'alternation des plantes, puisqu'elle peut revenir sur le même sol pendant huit ou dix ans consécutifs, sans autre variation de produits que celle résultant des circonstances atmosphériques; ceci est un point important à constater.

Un bon défoncement du sol est une opération essentielle

pour assurer le succès de ce tubercule ; on doit donc employer tous les moyens d'arriver à ce résultat, notamment des charrues perfectionnées conduites par de forts attelages.

Couper les pommes de terre en morceaux, ou employer les petites pour servir de plants, est une méthode que nous ne conseillons point ; car nous l'avons expérimentée à diverses reprises, et nous l'avons reconnue mauvaise. Il est bien préférable, selon nous, d'employer à la reproduction des pommes de terre celles de grosseur moyenne, et dans leur entier ; les produits qu'on obtient par ce mode, toutes choses égales d'ailleurs, sont très-supérieurs à ceux qu'on se procure en divisant les tubercules ou en se servant des plus exigus.

On accomplit convenablement à la charrue la plantation des pommes de terre, et ce moyen est beaucoup plus économique que lorsqu'on y emploie des instruments à main. Quant à l'espace à laisser entre les lignes et chaque plant, il varie nécessairement selon les espèces de pommes de terre qu'on veut reproduire et la qualité du terrain auquel on les confie. Chaque cultivateur se déterminera donc d'après ces circonstances, et devra plutôt laisser une distance trop grande que de tomber dans l'excès contraire.

Dès que les tiges des pommes de terre commencent à percer le sol, il faut lui donner un hersage énergique, sans se laisser effrayer par la crainte de déraciner les tubercules. Il y aurait lieu néanmoins de s'en dispenser dans le cas où la terre ne serait pas alors suffisamment essuyée. Peu de temps après, on les bine le plus profondément possible. On supplée à cette façon, dans les pays où la main-d'œuvre est rare, par le passage de la houe à cheval. Quinze jours plus tard environ, et à la suite d'une pluie, autant que faire se peut, on procède au buttage de la plante, soit à la charrue, soit avec un outil à main. Nous ne devons pas dissimuler toutefois que des agronomes distingués, M. de Dombasle entre autres, ont prétendu que butter les pommes de terre leur était plus nuisible qu'utile; mais, malgré l'autorité attachée à l'opinion de ces grands maîtres de la science agricole, qui n'ont probablement expérimenté qu'imparfaitement leur système, nous persistons à soutenir que cette opération du buttage est fort utile au développement du tubercule, et nous nous étayons, pour soutenir notre opinion à cet égard, sur les nombreuses expériences auxquelles nous nous sommes livré, et qui sont tellement décisives, qu'il ne nous reste plus maintenant la moindre incertitude sur l'efficacité du procédé que nous conseillons.

Aussitôt que la pomme de terre paraît avoir atteint sa maturité, ce qui s'annonce ordinairement par le dessèchement de la tige, il faut procéder à son arrachage, soit avec une pioche, soit à la charrue; mais cet instrument aratoire, beaucoup plus économique que l'autre, demande de grandes précautions, et présente souvent des résultats imparfaits en raison du mauvais vouloir des ouvriers qu'on y emploie, aveuglés qu'ils sont, généralement, par un esprit de routine qui leur persuade qu'il n'y a pas de meilleures méthodes que celles qu'ils ont vu pratiquer par leurs pères.

Après les avoir arrachées, on laisse les pommes de terre sur le sol le temps nécessaire pour les faire ressuer suffisamment ; ensuite on les enlève et on les dispose en petits silos qu'on recouvre de paille et de terre, en couches assez épaisses, pour les préserver de la gelée. Il serait moins dispendieux, sans doute, de les placer dans des caves ou dans des celliers ; mais il arrive souvent dans ce cas qu'atteintes d'une fermentation qu'on ne peut prévenir, surtout lorsqu'elles sont en grandes quantités, elles pourrissent avec une telle rapidité, qu'on est privé de la possibilité d'en tirer le moindre parti.

Nous avons dit plus haut qu'on doit mettre les pommes de terre en petits silos ; en voici la double raison : ainsi disposées, leur échauffement est moins à redouter et leur enlèvement bien plus facile.

Une précaution qu'on ne doit pas négliger est de pratiquer, au milieu de chacun de ces silos, une légère ventouse au moyen d'une simple branche d'arbre ; mais, dans les gelées, il faut boucher exactement l'orifice de cet aérifère.

ART. 11.

De la culture des topinambours.

Cette culture, peu répandue, offre cependant des avantages qui ne sont pas à dédaigner ; car les produits qu'elle donne, soit par ses tubercules, soit par ses feuilles, sont abondants et d'une grande utilité pour la nourriture du bétail. De plus, ses tiges, principalement dans les pays où le bois est rare, sont d'une précieuse ressource comme combustible. Excessivement rustiques et vigoureux, les topinambours viennent bien dans des terrains d'une qualité très-secondaire, et ne craignent nullement les sécheresses ni les gelées.

Toutefois, pour obtenir d'une emblavure de ce genre tout le succès désirable, il est indispensable de lui accorder certains soins qui ne sont autres du reste que ceux qu'on donne aux pommes de terre. Le moment le plus favorable d'y procéder est le commencement du printemps. Cette emblavure peut bien se passer de fumier ; mais, si on a la possibilité de lui en administrer, on augmentera sensiblement son produit. Résistant parfaitement aux froids, comme nous l'avons déjà dit plus haut, les topinambours ont encore cela d'avantageux qu'on peut ne les arracher qu'à mesure des besoins qu'on en a.

L'inconvénient que présente la culture de ces tubercules est la difficulté qu'on éprouve d'arriver à leur éradication complète. Voilà le motif, sans doute, du peu d'extension de cette culture ; pourtant, avec un peu de peine et quelques soins, on parvient à annihiler tous les radicules des topinambours, et conséquemment à arrêter leur propagation. Le moyen d'arriver à ce résultat est à peu près le même que celui employé pour la destruction du chiendent, c'est-à-dire l'exécution de fréquents labours et hersages pendant les instants les plus chauds de l'année. Afin de donner à ce moyen toute son efficacité, il faut faire brouter, au printemps par les bestiaux, les tiges que l'extirpation n'a pu parvenir à faire disparaître.

D'ailleurs, pourquoi ne consacrerait-on pas spécialement un morceau de terre à produire consécutivement des topinambours, pendant de longues années ? Cela se peut, et si l'on agissait ainsi, on n'aurait pas à se préoccuper de l'anéantissement de cette plante ; on se contenterait tout simplement de lui donner quelques façons, et on se trouverait avoir, pour ainsi dire, une emblavure d'une durée indéfinie. Les topinambours sont donc aussi une exception aux principes de l'alternation des plantes.

ART. 12.

De la culture des artichauts.

Bien que cette plante potagère appartienne plutôt à l'horticulture qu'à l'agriculture, comme elle est un aliment très-sain et de fort bon goût, qu'il s'en fait une consommation considérable, et qu'elle est conséquemment susceptible d'être cultivée en grand, nous avons cru devoir lui consacrer un article spécial que nous nous attacherons toutefois à rendre court, mais, en même temps, aussi substantiel que possible.

Voici, selon nous, la méthode la plus simple et la plus expéditive de multiplier et de conserver les artichauts.

Lorsque, sous la bienfaisante influence d'un printemps naissant, les plants d'artichauts commencent à étaler leur verte et luxuriante végétation, on les déchausse soigneusement, et on en extrait avec un couteau, ou tout autre instrument tranchant, tous les œilletons surabondants. On choisit ensuite parmi eux les plus vigoureux et, au moyen du plantoir, on les enfouit le plus promptement possible dans la terre, mais jusqu'au collet seulement, pour éviter la pourriture de cette partie. Aussitôt après cette plantation, il est indispensable, lorsque le temps n'est pas pluvieux, de lui donner un arrosement, et de le réitérer au moins le lendemain, si la pluie ne s'est point encore déclarée.

Le terrain dans lequel on introduit cette culture doit être défoncé, dans une profondeur d'environ cinquante centimètres. Le fumier n'y est pas indispensable; cependant son addition fait toujours acquérir au fruit plus de développement, tout en nuisant néanmoins à son goût.

Les œilletons doivent être disposés en quinconce, à un mètre de distance les uns des autres ; de cette manière, il s'établit entre eux un courant d'air très-favorable à leur active végétation.

En tenant ces œilletons nets de mauvaises herbes, on en obtient presque toujours, dès le mois de septembre suivant, un certain produit qui, bien moins considérable, à la vérité, que celui des années ultérieures, n'est cependant pas à dédaigner; car, à cette époque, les artichauts sont d'autant plus recherchés, qu'alors ils sont devenus plus rares.

Il est essentiel, dès que les fruits d'une tige sont cueillis, de couper cette tige rez-terre. En la faisant éclater, à l'instar de beaucoup de jardiniers, on endommage la souche, et on en occasionne ainsi fréquemment la destruction.

Dès que les premières gelées se font sentir, on donne un fort buttage à tous les plants d'artichauts, jeunes et vieux, sans exception, de manière que l'extrémité du cœur, seule, soit en contact avec l'air. Les couvrir de fumier ou de toute autre matière leur est plutôt nuisible qu'utile, car ce genre de traitement occasionne souvent la pourriture totale des plants, maladie plus à redouter pour eux que les gelées.

Si ces plants ont été bien buttés, ils résistent aux grands froids ; il faudrait un hiver exceptionnellement rigoureux pour les détruire.

Quand apparaissent les premières journées printanières, on enlève les buttes établies autour des plants, et on procède à un béchage général du terrain où existent les artichauts, lequel se trouve de la sorte parfaitement nivelé.

La méthode que nous venons d'expliquer est, comme on le voit, d'une grande simplicité ; mais on peut la tenir pour excellente et s'en servir avec une confiance absolue, car les expériences que nous en avons faites ont toujours été couronnées d'un succès complet. Constamment nous avons réussi dans l'établissement et la conservation de nos artichautières, et nous avons obtenu, dans un très-petit espace de terre, des produits considérables de cette précieuse plante alimentaire.

ART. 13.

De la culture des asperges.

Comme les artichauts, dont nous avons parlé dans le précédent article, les asperges sont plutôt du domaine de l'horticulture que de celui de l'agriculture ; mais aussi, de même que les artichauts, elles sont un aliment fort sain, agréable au goût et très-répandu ; elles constituent, en outre, un puissant diurétique. Par ces raisons, nous avons cru devoir également leur consacrer quelques lignes.

Lorsqu'on veut établir fructueusement une aspergerie, voici les procédés que nous conseillons d'employer, et dont nous avons nous-même expérimenté et apprécié l'excellence.

On creuse le terrain qu'on destine à ce produit dans une profondeur d'un mètre au moins ; on met, dans le fond de la fosse ainsi pratiquée, des ramiers ou débris de vieux bois, d'une épaisseur de dix à douze centimètres ; on place sur ces matières, en même épaisseur, une couche de terrain sablonneux ou même de sable pur ; on couvre cette couche de fumier consommé, pareillement en même épaisseur ; on réitère cette opération, et on répand ensuite sur le tout dix centimètres de terre végétale.

On doit faire en sorte qu'après ces opérations il ne manque plus que trente-trois centimètres à la fosse pour être au niveau du sol.

On se procure ensuite du plant de la meilleure espèce possible ; car une aspergerie, étant destinée à durer fort long-temps, exige d'autant plus de soins pour sa formation.

On reconnaît que le plant est de bonne qualité lorsque ses racines sont longues et chevelues, et qu'on y voit des yeux bien arrondis et très-saillants.

On étale entièrement les griffes et on les place en lignes, en forme d'échiquier, sous la couche de terre végétale, de manière à ce qu'elles soient en contact avec le fumier que cette couche recouvre.

Cette plantation, avec le procédé que nous indiquons, peut avoir lieu indifféremment en automne ou au printemps.

Lorsque le fond de la fosse est de terre argileuse, il arrive quelquefois qu'après une forte pluie, cette fosse s'emplit d'eau, ce qui peut occasionner la pourriture de beaucoup de plants. Pour éviter cet inconvénient et, d'ailleurs, comme excellent moyen de rendre le terrain constamment sain, on fera bien de le drainer, chaque fois que la disposition du sol le permettra.

L'aspergerie étant créée, il faut avoir grand soin de lui donner tous les binages nécessaires ; car, si on la laissait envahir par les mauvaises herbes, surtout pendant les premières années, on nuirait beaucoup à sa réussite.

A l'entrée de l'hiver, on répand une légère couche de fumier sur la fosse, et, au printemps suivant, on enfouit ce fumier au moyen d'un très-léger béchage qui doit être pratiqué avec attention pour ne pas déraciner ou blesser les griffes.

Ce n'est qu'à la quatrième année qu'on peut couper les asperges ; on doit le faire le plus près possible du collet.

ART. 14.

De la culture des raves et des navets.

Ces racines sont d'une grande utilité en agriculture ; mais, avec les procédés qu'on emploie généralement pour les obtenir, elles réussissent si rarement qu'on ne les cultive que sur une très-petite échelle.

Nous croyons donc que c'est rendre service à beaucoup de cultivateurs que de s'occuper de la propagation des moyens à employer pour ne pas être soumis à l'échec qu'ils redoutent, et qui paralysent le désir qu'ils ont de produire ces précieux crucifères.

Lors donc qu'on veut faire un semis de raves ou de navets, on doit choisir un terrain meuble, légèrement sablonneux, profond et substantiel, et qui, en outre, ait été marné ou chaulé.

On se procure ensuite de la graine de la meilleure espèce possible, ayant au moins deux ans et pas plus de quatre ; on la sème en lignes espacées suffisamment pour que la houe à cheval puisse y passer aisément, et, lorsque les plants commencent à étaler leurs feuilles, on les éclaircit de telle sorte qu'ils ne puissent réciproquement se nuire.

Pour opérer régulièrement et avec vîtesse cet ensemencement, on met la graine dans une bouteille, à laquelle on adapte un bouchon traversé par un tuyau de plume au moyen duquel on répand cette graine.

Un excellent moyen de donner aux plants une grande force de végétation, c'est d'enfouir, en même temps que la graine, des os concassés à la dose de douze ou treize hectolitres par hectare.

Afin de prévenir les ravages que les insectes, et surtout les altises ou pucerons, font aux raves et navets lorsque ces racines commencent à lever, il faut avoir soin de faire tremper, au préalable, leur graine dans de l'eau de chaux, ou de cendre, ou de suie, et de semer cette graine sur un labour nouveau auquel devront être incorporés des fumiers frais. Si on ajoute à cette précaution celle de rouler immédiatement la terre, on pourra être à peu près certain de s'être mis à l'abri des ennemis destructeurs dont nous venons de parler.

Cependant si, malgré toutes ces mesures de prudence, on voyait apparaître ces insectes, il faudrait étendre, sur l'héritage, de la chaux en poudre récemment éteinte, dans la proportion de quatre hectolitres par hectare, et réitérer cette opération si l'effet qu'elle avait produit n'était pas complet.

Il s'agit ensuite de faire acquérir aux plantes le plus gros volume dont elles sont susceptibles. Pour arriver à ce résultat, on les bine deux fois et on en arrache assez pour qu'elles croissent avec facilité.

C'est au printemps que doit avoir lieu l'ensemencement opéré selon le mode que nous venons d'indiquer. Par cette méthode, on obtient de précoces et riches récoltes, et le sol se trouve, en outre, parfaitement nettoyé et disposé à produire avec succès une céréale d'automne.

On peut aussi, il est vrai, se procurer intercalairement une récolte de raves ou de navets; mais elle n'a pas, à beaucoup près, autant de chances de réussite que celle obtenue au moyen des procédés plus haut décrits. Pour ce genre de récoltes, on donne un léger labour sur le chaume, ou même, et c'est ce qui arrive le plus souvent, on se contente de passer une forte herse sur la graine, après l'avoir semée à la volée. Ajoutons qu'il ne faut pas oublier, dans ce cas aussi, sous peine d'échouer complètement, d'opérer l'immersion que nous avons ci-dessus rappelée, et de pratiquer l'emploi de la chaux pulvérisée en cas d'apparition des insectes.

ART. 15.

De la culture de la citrouille.

La citrouille est généralement circonscrite dans les jardins. Dans très-peu de localités, on la cultive en plein champ pour la nourriture des bestiaux, et pourtant elle serait pour cet usage d'une grande utilité. D'ailleurs, elle n'épuise presque point le sol et prépare très-bien la terre aux céréales d'automne.

La culture de cette cucurbitacée est excessivement simple. On la sème, par trois ou quatre grains, à un mètre cinquante centimètres de distance. Peu de jours après sa naissance, on retranche les pieds les moins vigoureux, et on ne laisse en place que celui qui a la plus belle apparence ; on a soin de mettre du fumier au moment des semis et à celui où la plante commence à se développer. On obtient ainsi des citrouilles qui pèsent jusqu'à ving-cinq ou trente kilogrammes et quelquefois davantage.

Cette production est donc considérable ; mais, comme sa conservation est d'une courte durée, on ne peut guère lui consacrer qu'un espace de terrain en proportion avec la consommation qu'on est appelé à en faire.

C'est un peu avant l'hiver qu'on cueille ce légume ; on le place ensuite dans un lieu où il est à l'abri de la gelée, et il sert à la nourriture de l'homme cumulativement avec celle du bétail, qui le mange avec une grande avidité.

Donnée aux vaches comme base de leur nourriture, la citrouille leur procure du lait en abondance et d'une excellente qualité.

Les cochons en sont excessivement friands, et elle leur fait acquérir un prompt accroissement. Pour employer fructueusement les citrouilles à l'usage des animaux, il faut les couper en morceaux que l'on fait bouillir avec de la farine ou même avec du son ; car on a remarqué que la cuisson des fruits de toute espèce en développe avec énergie les principes sucrés qu'ils contiennent, lesquels, comme on le sait, sont essentiellement nutritifs.

Dans les années de disette, ce légume peut être d'un grand secours à l'homme, puisque sa pulpe, mélangée avec de la farine de blé, donne un pain très-passable et parfaitement sain.

Enfin, il n'est pas jusqu'aux grains de citrouilles qui ne soient d'une grande utilité ; en effet, outre leur vertu médicinale bien connue, on s'en sert pour faire de l'huile qu'on emploie ordinairement comme combustible, mais qu'on pourrait aussi appliquer à l'usage alimentaire.

En présence de tous ces avantages, nous conseillons donc aux agriculteurs de ne pas continuer à bannir de leurs champs la culture de la citrouille.

ART. 16.

De la culture de la betterave.

La culture en grand de cette précieuse racine n'a lieu que depuis peu d'années, et cependant elle a déjà produit d'excellents résultats ; chaque jour lui voit prendre plus d'extension, à ce point, il faut l'espérer, qu'elle aura bientôt atteint un très-grand développement.

En effet, l'industrie, à raison de la découverte qu'elle a faite dans la betterave d'abondants principes saccharins et alcooliques, la recherche avec empressement ; cette plante est en outre d'un grand secours pour les éleveurs et engraisseurs de bestiaux, et les cultivateurs en retirent de grands profits, soit par la vente facile et avantageuse qu'ils en font, soit parce qu'elle leur procure le moyen de supprimer la jachère, nettoyer leurs terres et créer de bons assolements.

Il y a plusieurs variétés de betteraves, mais la manière de les cultiver est la même pour toutes. Les terrains qui leur conviennent le mieux sont ceux riches en terre végétale ou légèrement glaiseux, bien amendés et fumés à forte dose. Il faut de plus qu'ils ne soient que très-légèrement humides. Les terres rapportées, le terreau surtout, leur sont très-favorables. On obtient, dans un sol qui réunit les qualités dont nous venons de parler, des quantités énormes de betteraves, car elles s'élèvent souvent à près de cent mille kilogrammes par hectare.

Les mauvaises terres, amendées par l'addition de la chaux et fortement fumées, donnent aussi de copieuses récoltes de betteraves, mais seulement après le mélange parfait des amendements et des engrais avec le sol. Il ne faut donc pas semer de betteraves dans ces sortes de terres pendant l'année où on aura procédé à leur amélioration.

Les jeunes plants de betteraves craignent beaucoup les gelées ; néanmoins, pour obtenir des produits satisfaisants de cette racine, il est essentiel d'en opérer de bonne heure les ensemencements ; et, d'ailleurs, en procédant ainsi, on est toujours à même de remédier au mal causé par le froid. Il peut sans doute en résulter quelques frais de plus ; mais cet inconvénient ne saurait être mis en balance avec les avantages d'une emblavure précoce.

La graine de betteraves naît ordinairement très-vite ; si on veut encore accélérer sa germination, il faut l'humecter avec de l'eau de fumier. On emploie souvent ce procédé à l'égard de la graine dont on se sert pour remplacer les plants qui ont manqué ou péri. Ce réensemencement est assurément bien préférable au repiquage, qui est beaucoup plus onéreux et ne réussit presque jamais.

Les betteraves doivent être disposées en lignes et espacées de telle sorte qu'il y ait entre chacune d'elles au moins cinquante centimètres. On doit en enlever soigneusement les mauvaises herbes dès qu'elles se montrent, car elles sont plus nuisibles à ce genre de récoltes qu'à tout autre. Il ne faut donc pas épargner les binages. Trois, au moins, sont nécessaires. La moindre négligence sur ce point, surtout lorsque la plante commence à se montrer, lui devient très-préjudiciable.

Trois semaines environ après leur naissance, et autant que possible par un temps humide, on éclaircit ces racines, en ayant soin de ne laisser que la plus belle de chaque touffe.

Les feuilles de betteraves sont aussi une grande ressource

pour le bétail, et on aurait tort de ne pas en user lorsqu'on est à portée de le faire. La seule précaution à prendre, c'est de n'en opérer l'enlèvement que lorsqu'elles commencent à s'incliner et à devenir d'une couleur vert-rougeâtre. Alors, loin de nuire au développement de la plante, elle le rend plus rapide; mais le contraire arriverait si ce retranchement avait lieu plutôt que nous l'indiquons.

La grosseur et le poids des betteraves s'accroissent jusqu'aux gelées; néanmoins, il ne faut pas attendre cette tardive époque pour les arracher. On doit procéder à cette opération dans les premiers jours d'octobre, par les raisons suivantes : 1° Il est chimiquement démontré que les principes saccharins existent en bien moindre quantité dans les betteraves arrachées au commencement de novembre, que dans celles récoltées un mois auparavant; 2° en les arrachant tardivement, on s'expose à être surpris par les gelées et à éprouver ainsi des pertes sensibles; 3° ce retard nuit beaucoup à l'emblavure en froment qui succède aux betteraves, car on ne peut l'accomplir en saison convenable.

Autant que possible, ces racines doivent être récoltées par un temps sec. Pour les conserver, après les avoir entièrement dégarnies de leurs feuilles, on les met dans des caves ou dans d'autres endroits où elles n'ont pas à craindre les gelées, ou bien on les dispose en silos que l'on couvre de paille et de terre d'une épaisseur d'au moins quarante centimètres. Si elles n'ont pas été trop meurtries, elles peuvent rester en cet état jusqu'au mois de mai suivant, sans éprouver d'altération sensible.

ART. 17.

De la graine de betteraves.

Les betteraves, ainsi que nous l'avons dit dans l'article précédent, occupent une large part dans les assolements et sont d'une très-grande utilité en agriculture ; dès-lors, il est fort essentiel de ne rien négliger pour assurer le succès de ce genre de récolte.

Le premier soin que doivent avoir les agriculteurs qui se livrent à cette culture, c'est de se procurer de la graine de bonne qualité et de l'espèce qu'ils préfèrent ; mais il arrive souvent que, malgré les assurances positives des marchands, la graine qu'ils débitent au public ne remplit aucune des conditions qu'on en attend. Nous avons même vu des cultivateurs trompés à ce point qu'au lieu de graines de betteraves qu'ils croyaient leur avoir été vendues, ils se trouvaient avoir employé de la semence de bette-cardes, ce qui, comme on le pense bien, les surprenait fort désagréablement.

Pour se soustraire à de semblables inconvénients et à une aussi insigne supercherie, il est cependant un moyen d'une grande simplicité : c'est de récolter soi-même la graine qu'on veut confier à la terre. Nous allons donc indiquer, d'après la longue expérience que nous en avons acquise, le meilleur procédé à appliquer à cet objet.

Lorsqu'on arrache ses betteraves, on choisit les plus grosses, les plus saines et les moins chevelues ; on leur enlève leurs feuilles à trois centimètres du collet, et on les dispose en silos que l'on recouvre suffisamment de paille et de terre. Il est d'une bonne pratique et, d'ailleurs, très-économique en même temps, de faire ces silos sur le terrain même où on obtient la récolte. Il faut, dans ces opérations, éviter, avec le plus grand soin, de causer la moindre meurtrissure aux porte-graines.

Au printemps suivant, dès que les gelées ne sont plus à craindre, ce qui n'a guère lieu dans notre climat que vers la mi-avril, on découvre les silos avec précaution et on plante aux alentours, à mesure du béchage, les betteraves qu'on en retire. Elles doivent être enfouies verticalement et à trois centimètres du collet. Si on appréhendait la gelée, il serait prudent de leur donner un léger buttage, opéré de telle façon que l'extrémité supérieure de la plante seule pût s'apercevoir.

Il faut que cette plantation se fasse en lignes et en quinconce, de manière à ce que les betteraves soient éloignées les unes des autres de soixante-six centimètres environ.

Deux binages suffisent ordinairement pour détruire les mauvaises herbes, ou du moins pour les empêcher d'être nuisibles à cette récolte. Nous conseillons aussi de les butter.

Non-seulement il est inutile, mais encore il est préjudiciable aux porte-graines, d'en attacher les tiges avec de la paille ou de les appuyer sur des échalas; car, étant disposés de la sorte, un vent violent peut les renverser et en occasionner ainsi le bris d'un grand nombre, ou bien les liens et les bois de soutien deviennent la cause d'enchevêtrements qui rendent difficile la récolte de la graine et en font répandre beaucoup sur la terre. Livrées à elles-mêmes, les tiges se soutiennent mutuellement, fléchissent, mais ne se brisent pas sous l'action des vents, et, d'ailleurs, lorsqu'elles s'affaissent complètement, leur graine ne s'en fait pas moins convenablement.

Il ne faut pas attendre pour couper ces tiges que la graine qu'elles portent soit complètement mûre; car, en retardant jusqu'à ce degré de maturité, on perdrait infailliblement plus de la moitié de cette graine. En conséquence, aussitôt qu'on s'aperçoit qu'elle commence à jaunir et à se détacher facilement, ce qui a lieu ordinairement à la mi-août, on coupe les tiges avec une faucille et on les laisse sur les lieux mêmes pendant quelques jours; dans cet état, la graine a bientôt acquis un degré de maturité et de siccité tel, qu'elle s'en détache au moindre choc. On profite ensuite du premier beau temps pour faire le battage au moyen du fléau et sur des toiles d'ampleur suffisante qu'on étend à proximité; on la vanne et on la monte au grenier, où elle est complètement sèche au bout d'une semaine, si on a pris le soin de la remuer fréquemment; enfin, on la crible et on la met dans des coffres ou des tonneaux hermétiquement fermés pour la préserver de l'atteinte des rats, qui en sont très-friands.

Cette graine peut ainsi se conserver pendant cinq ou six années, et c'est ordinairement à la deuxième qu'elle donne les meilleurs produits.

Nous ne terminerons pas cet article sans faire remarquer que le produit, obtenu par la graine de betteraves, n'est dépassé ni même égalé par aucune autre récolte; car, dans un seul are de terre, on obtient ordinairement vingt-cinq kilogrammes de graine qui, lorsqu'elle est de bonne espèce, se vend facilement deux francs le kilogramme; qu'ainsi, outre l'avantage de se procurer pour soi-même de la graine qu'on peut semer avec toute sécurité, on trouve dans cette culture un très-grand profit. Nous engageons donc les cultivateurs à ne pas négliger ce moyen si facile d'accroître considérablement le rapport de leurs exploitations.

ART. 18.

De la culture de la carotte fourragère.

Cette racine est d'une grande importance en agriculture, car elle plaît beaucoup à toutes espèces de bestiaux, est excellente pour leur santé, et convient admirablement pour engraisser ceux qu'on destine à la boucherie. On l'administre surtout, avec un grand avantage, aux chevaux, qui la mangent avec avidité, et auxquels elle tient à peu près lieu d'avoine, lorsqu'ils y sont bien habitués ; enfin, sa culture assure un assolement de premier ordre ; car, lorsqu'elle est sarclée convenablement, elle nettoie très-bien et n'épuise nullement le sol ; tout au contraire, elle l'améliore éminemment ; de sorte que les récoltes qui lui succèdent sont toujours très-abondantes.

Nous allons donc entrer dans quelques détails sur une aussi utile culture.

La terre qu'on y destine doit être bien ameublie, par conséquent labourée de très-bonne heure, afin d'obtenir, par l'action des gelées, la division nécessaire.

La carotte n'absorbant pas, à beaucoup près, autant de principes nutritifs que la betterave, n'a pas, comme elle, un besoin indispensable de fumier.

Dès les premiers jours de mars, il faut semer la graine de cette ombellifère, à la quantité d'environ six kilogrammes par hectare, et la disposer en lignes espacées de trente-trois centimètres. Elle doit être recouverte d'un quart de centimètre de terre au plus, et c'est là une des conditions essentielles de sa réussite. Pour mettre ce procédé à exécution, il suffit de passer légèrement le pied sur le semis. De cette manière, l'opération est très-expéditive et a cela d'avantageux, que la graine se trouve parfaitement adhérente au sol, ce qui est, pour sa prompte germination, d'une nécessité absolue.

Dès que cette plante apparaît, il faut lui donner un léger binage, qu'on réitère chaque fois que les mauvaises herbes se montrent, inconvénient qui, du reste, n'a plus lieu lorsque les feuilles des carottes commencent à couvrir la terre. Si on apportait la moindre négligence sur ce point, on porterait une grave atteinte à la récolte.

Tous ces binages doivent être effectués par un **temps sec** ; autrement les mauvaises herbes ne seraient qu'imparfaitement détruites.

Quand les carottes ont cinq ou six centimètres de circonférence, il convient de les éclaircir de manière à ce qu'il ne reste que la plus belle de chaque touffe, et qu'elles se trouvent, dans leur ligne, au moins à vingt centimètres les unes des autres.

Dans les premiers jours d'octobre, il faut arracher ces racines et les mettre de suite en silos, ou dans un endroit où elles soient à l'abri de la gelée.

Les carottes étant plus sujettes à la pourriture que les betteraves, on doit s'arranger de manière à les avoir entièrement consommées avant la fin de février, surtout si l'on n'a pu les rentrer par un temps sec.

ART. 19.

De la graine de carotte fourragère.

Pour être bien certain que la graine de carotte qu'on emploie ne laisse rien à désirer, il n'y a qu'un moyen, c'est de la produire et de la récolter soi-même ; puisqu'il arrive souvent que les marchands qui la débitent, trompés par ceux de qui ils la tiennent, trompent eux-mêmes les autres à leur tour.

Essayons donc de prémunir les agriculteurs contre ces fâcheux inconvénients, par l'indication de la méthode fort simple au moyen de laquelle ils peuvent se procurer économiquement et sûrement cette graine.

Lorsqu'on récolte des carottes de bonne espèce, on choisit les plus grosses et les mieux faites; on leur enlève leurs feuilles à trois centimètres du collet, et on les empile, le plus méthodiquement possible, les unes sur les autres, en forme de cône; ensuite, on leur applique un lit de paille qu'on couvre de trente-trois centimètres de terre.

Dans les premiers jours du mois de mars, on met à nu ces porte-graines, et on les plante de manière à ce qu'ils soient enfouis verticalement jusqu'à fleur du sol, et disposés en forme d'échiquier, à soixante-six centimètres les uns des autres.

Au bout d'un mois, on les sarcle soigneusement. Si plus

tard les mauvaises herbes apparaissent encore, on donne un nouveau binage ; rarement un troisième devient nécessaire, car les plantes adventices sont étouffées par l'épais ombrage des porte-graines.

Lier ces porte-graines, comme le font quelques producteurs, est une mauvaise méthode. En effet, sous l'action d'un vent violent, ils se renversent et se brisent pour la plupart. Il faut aussi s'abstenir de leur mettre des tuteurs ou soutiens ; car, outre que ce procédé est très-coûteux, il nuit aux tiges à cause de la compression qu'il leur fait éprouver. Il convient donc de laisser tout simplement les plantes livrées à elles-mêmes ; lorsqu'elles sont d'une belle venue, elles se soutiennent ainsi mutuellement et acquièrent un parfait développement.

Les bouquets de graine ne mûrissent pas tous en même temps ; mais on peut, sans aucun risque, attendre, pour les couper, qu'ils aient tous atteint leur maturité ; car ils ne sont pas, comme la betterave, sujets à un trop facile égrainement.

L'époque de cette récolte étant arrivée, et autant que possible par un temps sec, on coupe les tiges et on les étend dans un grenier ou tout autre endroit sain ; puis, aux premières gelées, on en fait le battage et le vannage, opérations fort longues et très-minutieuses, en raison de l'adhérence de la graine et des nombreuses petites barbes qui la revêtent.

Comme celle de betterave, cette graine peut se conserver plusieurs années, et c'est aussi, employée à la seconde, qu'elle donne ses meilleurs produits.

ART. 20.

De la culture des choux pour le bétail.

Une plante fort utile, mais, bien à tort, peu répandue en agriculture, c'est le chou. On le cultive ordinairement sur une très-petite échelle. Dans beaucoup de localités, on paraît même le considérer comme entièrement réservé aux jardins, et cependant il est essentiellement propre à la nourriture de toute espèce de bétail. Il procure beaucoup de lait aux vaches et aux brebis, et prépare parfaitement les animaux qu'on destine à la boucherie à prendre de la graisse.

Toutefois, il convient de le mélanger avec du fourrage sec, autrement il constituerait une nourriture trop aqueuse et trop relâchante.

Ses produits sont considérables. Sa culture dispose très-bien les terres à recevoir des céréales et autres récoltes aussi épuisantes. Il est donc fort avantageux de le faire entrer dans les assolements, jusqu'à concurrence de la quantité dont on prévoit avoir besoin pour la consommation de l'exploitation.

Le terrain dans lequel on cultive le chou doit être substantiel, meuble et profond. Une application de bons engrais y produit un effet bien marqué, surtout s'ils ont été bien incorporés au sol. On obtient aussi d'excellents résultats dans les terrains nouvellement défrichés, lorsqu'ils sont amendés avec de la chaux et fumés à forte dose.

Si l'on veut avoir une récolte de choux exceptionnellement belle, il faut, en plantant chaque pied, l'entourer d'un mélange de chaux éteinte et de fumier de cheval.

Il est important, dans tous les cas, de ne mettre en terre que des plants de bonne espèce, assez forts pour pouvoir résister à la sécheresse, et de choisir pour cette opération un temps humide ou pluvieux. On peut la commencer dès le mois de février et la continuer jusqu'à celui de septembre. Mouiller les racines des plants, avant de les mettre en terre, en favorise beaucoup la reprise.

La distance entre chaque pied doit être au moins de soixante-six centimètres. Il est indispensable de les biner chaque fois que les mauvaises herbes les envahissent; il est encore d'une bonne méthode de leur donner en même temps un léger buttage.

Aussitôt qu'ils sont parvenus à leur maturité, il faut avoir soin de les enlever et de choisir pour cela un temps sec ; si l'on n'a pas la possibilité de les faire consommer dans un prompt délai, on les met dans des caves, ou bien on les place, la racine en haut, dans de petites tranchées ; on les couvre ensuite d'un lit de paille sur lequel on jette quelques centimètres de terre. De cette manière, on peut les conserver long-temps, et ils deviennent ainsi une précieuse ressource dans la saison d'hiver.

ART. 21.

De la culture de la chicorée sauvage.

Certaines plantes, bien que méprisées par la généralité des agriculteurs, n'en sont pas moins d'une très-grande utilité pour ceux qui veulent prendre la peine de les cultiver convenablement. Ainsi en est-il de la chicorée sauvage, qui donne des produits considérables et offre de précieux avantages, comme on le verra plus loin.

Cette plante vivace est tellement rustique et ses principes végétatifs sont si puissants, qu'elle prospère dans toutes espèces de terre, même dans celles qui se refusent à produire du trèfle. Les sols sablonneux sont ceux qui lui conviennent le mieux.

On la sème au printemps dans les orges ou les avoines, de la même manière que les autres prairies artificielles ; elle n'est point, comme ces dernières, susceptible de périr par la grande sécheresse ; elle brave les plus grands froids ; sa croissance est excessivement rapide, ses produits sont énormes. On peut la faucher deux fois dès la première année et jusqu'à quatre fois pendant les suivantes ; sa durée est à peu près égale à celle de la luzerne. Elle atteint une hauteur de plus d'un mètre, nettoie parfaitement le sol et est très-améliorante, pourvu, toutefois, qu'on ne la cultive pas pour sa graine ; car elle deviendrait ainsi, au contraire, fort épuisante.

Il ne faut pas attendre pour la faucher qu'elle soit trop dure ; en cet état, elle ne remplirait pas le but auquel on la destine, qui est celui de la faire consommer en vert, ne pouvant que très-difficilement être convertie en fourrage sec, et étant d'ailleurs ainsi bien moins profitable.

On la donne avec succès aux chevaux, aux bœufs et aux vaches ; elle entretient leur santé et, par sa vertu médicinale et légèrement purgative, les guérit et les préserve de beaucoup de maladies. Elle sert donc à ces animaux tout à la fois d'aliment et de médicament ; elle est aussi pour eux un excellent apéritif, et facilite par conséquent l'engraissement des bestiaux qu'on prépare pour la boucherie.

Du reste, pour obtenir de la chicorée sauvage tous les bons effets qu'elle comporte, il faut avoir soin de ne pas l'administrer en trop forte dose, surtout dans les premiers temps où on en fait usage, et, dans tous les cas, de n'en nourrir jamais exclusivement et constamment les animaux, ce genre d'alimentation étant, avec raison, considéré, sous le rapport hygiénique, comme essentiellement temporaire.

ART. 22.

De la culture du lin.

Cette plante commerciale est peu cultivée dans nos contrées. C'est à la Flandre que, depuis long-temps, nous nous adressons presque exclusivement pour nous procurer ses produits. Il nous serait cependant très-facile de nous soustraire à ce genre de tribut; car nous possédons beaucoup de terres propres à cette culture.

Néanmoins, pour qu'elle donne des résultats satisfaisants, il faut qu'elle ait lieu dans les conditions et de la manière que nous allons expliquer.

Le terrain, destiné à recevoir un ensemencement de lin, doit être bien ameubli et pourvu d'engrais qui y soient bien incorporés. Celui de nature quelque peu sablonneuse convient particulièrement à cette plante.

Le lin réussit très-bien sur une récolte sarclée et qui a été abondamment fumée. Il réussit aussi parfaitement après le trèfle et sur un seul labour. On peut encore le faire avec avantage après du chanvre; mais il faudrait bien se garder de semer cette dernière graine après le lin. Il ne faudrait pas non plus faire revenir le lin sur le même terrain avant une période de dix années.

L'époque la plus convenable pour opérer un ensemencement de lin est du commencement de mars à la mi-mai.

La quantité de graine à employer est environ de deux kilogrammes par are. Il est très-essentiel de se servir de bonne semence. On pourra considérer comme telle celle qui sera pesante, d'une grosseur uniforme et d'une teinte brun-clair. On enterrera cette graine à la herse et très-légèrement, ensuite on passera le rouleau dans le double but de niveler le sol et de procurer à la plante les principes d'humidité dont elle a indispensablement besoin pour prospérer.

Aussitôt après la naissance du lin, il faut en extirper avec soin toutes les mauvaises herbes, et si plus tard elles reparaissaient, il y aurait lieu de recommencer l'opération.

Il arrive quelquefois qu'à sa sortie de terre le lin est rongé par des insectes ; pour arrêter leurs ravages, il suffit de répandre sans tarder de la cendre sur le sol, dans la proportion de quatre hectolitres par hectare. Cette substance est d'ailleurs un excellent stimulant pour la végétation du lin.

Le moment le plus propice pour arracher la plante est celui où la graine est formée et n'a cependant point encore acquis sa maturité. Si l'on attendait plus tard, la qualité de la filasse en souffrirait fort. Toutefois, on ne peut se dissimuler que la graine serait bien meilleure si on lui donnait le temps de mûrir complètement. On fera donc bien, quant à celle qu'on voudra employer à la reproduction, de la récolter seulement lorsqu'elle sera parvenue à ce point, sans se préoccuper de l'altération que les tiges pourraient en éprouver.

ART. 23.

De la culture du chanvre.

Les expériences que nous en avons faites, à diverses reprises, nous ont positivement démontré que, dans la grande culture, les récoltes de chanvre, à raison de la multitude d'opérations qu'elles exigent, sont plus onéreuses que profitables; aussi n'est-ce que pour la petite culture qui, seule, peut tirer avantage de cette sorte de produit, que nous allons entrer dans les détails suivants :

Le chanvre ne vient bien que dans une terre riche en principes végétatifs, légère, fraîche, profonde et parfaitement ameublie; l'addition d'engrais en augmente considérablement le rapport, surtout si ce sont des fumiers chauds et bien consommés. Les cendres, répandues en même temps que le chenevis, dans la proportion de dix ou vingt hectolitres par hectare, donnent aussi d'excellents résultats.

Il serait d'une économie fort mal entendue d'employer un autre instrument que la bêche pour préparer le terrain qu'on destine à une récolte de chanvre.

Comme cette plante craint beaucoup la gelée, il ne faut jamais en exécuter le semis que lorsqu'on n'appréhende plus rien à cet égard ; mais il est essentiel de ne pas le renvoyer à une époque plus éloignée.

La quantité de chenevis à employer pour semence est à peu près de quatre hectolitres par hectare. Il doit être enterré avec un instrument à main, tel qu'une pelle ou une pioche et très-légèrement.

C'est une bonne pratique que de donner à cette graine, quelques jours après sa naissance, un binage avec une petite houe pointue et étroite; mais ce procédé n'est suivi, bien à tort, que dans un très-petit nombre de localités.

Afin d'éviter les dégâts occasionnés par les oiseaux, il faut placer dans la chenevière un objet d'apparence humaine qui leur serve d'épouvantail.

Les pieds mâles, improprement appelés femelles par les cultivateurs, mûrissent environ un mois avant les autres. Dès que cette maturité est parfaite, ce qui s'annonce, pour les deux sortes, par une teinte jaune de la tige, il y a lieu de procéder à son arrachement.

Les plants qui portent la graine sont disposés en faisceaux, dans la chenevière même, jusqu'à ce que cette graine soit bien mûre. Il est d'une bonne méthode de les couvrir d'un peu de paille, pour préserver leur graine et des oiseaux et de la pluie.

Quant aux pieds mâles, on en fait des petites bottes qu'on expose au soleil pour les faire sécher.

Le battage de la graine pourrait s'opérer au fléau; mais, ainsi, il y en aurait beaucoup de brisée; il est donc mieux pour cette opération de se servir de légers bâtons; on vanne ensuite cette graine comme le blé, après quoi on la met dans un endroit bien sain, et on la remue tous les trois ou quatre jours, afin d'empêcher la fermentation de s'y développer.

Il faut avoir bien soin d'assortir toutes les tiges du chanvre, c'est-à-dire mettre ensemble celles de mêmes longueurs, par petites javelles qu'on envoie sans tarder au rouissage.

Décrire cette dernière opération, ainsi qu'un grand nombre d'autres encore indispensables pour compléter la mise en œuvre de cette plante textile, nous entraînerait trop loin, et, d'ailleurs, toutes ces opérations nous paraissant plutôt du domaine de l'industrie que de celui de l'agriculture, nous jugeons à propos de terminer ici cet article.

ART. 24.

De la culture du pavot ou œillette.

Cette plante oléifère n'est point assez cultivée, car l'huile qu'elle produit peut très-bien remplacer celle d'olive : elle est douce, n'a ni l'odeur ni la saveur de celle du colza, du lin ou du chenevis. Ajoutons qu'elle n'est nullement nuisible à la santé comme on l'avait d'abord prétendu. Pour la conserver facilement, il suffit de ne point l'agiter et de la déposer dans un endroit frais.

Plus répandue qu'elle ne l'est maintenant, la culture de l'œillette aurait pour objet d'alléger sensiblement le tribut considérable que nous payons chaque année à l'étranger pour l'importation de ses huiles. C'est donc agir en bon citoyen que de la préconiser et d'exposer ses principales règles.

La graine de pavot, étant extrêmement fine, il lui faut un terrain parfaitement bien ameubli, et qui, de plus, soit substantiel ou ait reçu d'abondants engrais bien consommés et exactement incorporés. Il est essentiel aussi que ce terrain n'ait pas donné, depuis cinq ou six ans au moins, des produits oléagineux.

On sème cette graine à la volée, au printemps ou à l'automne ; cette dernière saison est la plus convenable dans les pays méridionaux, mais la première convient mieux pour les contrées septentrionales.

Comme elle n'a pas besoin d'être semée aussi hâtivement, dans les deux saisons, que celle du colza, il en résulte qu'on peut s'en servir pour remplacer cette graine lorsqu'elle vient à manquer, ce qui arrive fréquemment.

Afin d'opérer un semis convenable, il faut, avant d'y procéder, mêler la graine du pavot avec du sable ou de la poussière, de manière à ce qu'elle ait trois ou quatre fois son volume : cinq kilogrammes par hectare est la quantité nécessaire.

Comme cette graine doit être très-peu enterrée, on y passe seulement le rouleau ou le dos de la herse.

Deux binages suffisent ordinairement à l'œillette ; l'un dès qu'elle commence à montrer la seconde feuille, et l'autre peu de jours après. On éclaircit en même temps les plants de manière à ce que ceux qui restent soient au moins à vingt-cinq centimètres les uns des autres.

La maturité de la récolte s'annonce par une teinte jaune que prennent les capsules, et par des ouvertures qui se forment au-dessous de la couronne. Pour éviter la déperdition de la graine, avant de couper les tiges, on secoue les têtes de pavots sur des toiles ou dans des baquets. Comme la maturité ne se fait pas également, on réitère cette opération au bout de quelques jours, et ensuite on procède à l'arrachement et à la mise en faisceaux des plants. Lorsque la dessiccation en paraît accomplie, on les bat avec le fléau et on en met la graine dans des endroits bien secs.

Les tiges des pavots, dépouillées de leur graine, sont propres à servir de combustible. Elles conviennent particulièrement à chauffer les fours ; les cendres qui résultent de cet emploi sont des plus précieuses pour les lessives et pour amender les terres.

Enfin, la céréale, surtout l'avoine, qui succède à une récolte d'œillette, est ordinairement fort belle, et on sème dans cette céréale, aussi avec une grande chance de succès, une prairie artificielle.

ART. 25.

De la culture du colza.

La culture du colza, très-lucrative dans certaines contrées, semble, au contraire, dans d'autres localités, présenter si peu d'avantage qu'il n'y a qu'un très-petit nombre de personnes qui s'y adonnent, et encore n'est-ce que dans de bien minimes proportions. Cette différence de résultat ne vient point du sol ; elle prend sa source dans la diversité des méthodes employées.

C'est donc un service à rendre aux cultivateurs inexpérimentés sur ce point, que de leur indiquer les moyens les plus convenables d'obtenir de riches récoltes de colza.

Constatons, toutefois, avant d'aller plus loin, ce fait positif que, lorsque le cours des blés s'élève outre mesure, l'avantage qu'offre la culture du colza s'amoindrit, et qu'il est alors d'un bon calcul de la restreindre.

Le terrain consacré à cette crucifère doit être sain, profond, et bien égoutté. Le fumier, mis à forte dose, y produit un très-bon effet, surtout s'il y est suffisamment incorporé.

Il existe deux méthodes tout à fait distinctes de cultiver le colza ;

Elles consistent :

L'une à le semer, soit à la volée, soit en ligne, et à le laisser en place, sauf ensuite à l'éclaircir ;

Et l'autre, à le transplanter, dès qu'il a atteint assez de développement pour cet emploi.

Le premier de ces procédés est plus économique et convient mieux aux champs d'une grande étendue ;

Le second est plus coûteux, mais il offre plus de chances d'obtenir une récolte abondante, et facilite en outre les sarclages.

Lorsqu'on veut laisser le colza sur place, on le sème, dans le climat de Paris, vers la mi-août; mais si on le destine à la transplantation, les semis doivent être effectués six semaines plus tôt.

Les plants doivent être disposés en échiquier, à trente centimètres au moins les uns des autres, et enfouis jusqu'au collet. Il ne faut employer que ceux qui paraissent forts et vigoureux; les autres doivent être scrupuleusement rejetés.

Se servir de la pioche ou du plantoir, pour accomplir cette transplantation, est trop onéreux, et, par cette raison, applicable seulement aux jardins. En plein champ, la charrue est, économiquement parlant, à beaucoup près, bien préférable.

Dans ce mode, on place, toutes les deux raies, un rayon de colza, et on le couvre par la terre du sillon suivant; mais cette manière de procéder exige un terrain bien préparé pour que la charrue puisse y fonctionner librement et que tous les plants y soient convenablement enterrés. Afin de n'occasionner aucun dégât, les chevaux attelés à cette charrue doivent être placés de file et marcher sur le terrain non labouré.

Il est essentiel de détruire avec soin les mauvaises herbes qui se montrent dans les récoltes de colza. D'ailleurs, au moyen de cette opération, la terre se trouvant remuée et ameublie, la végétation du colza en devient plus active et la plante talle davantage.

La houe à cheval convient très-bien pour biner cette emblavure, et procure une économie notable.

Lorsqu'on s'aperçoit que les siliques de cette oléagineuse jaunissent, il est temps d'enlever la récolte, autrement on s'exposerait à en perdre une grande partie. Les tiges étant coupées, on les expose en javelles, et, dès que le dessus commence à en devenir blanc, on les retourne avec précaution. Arrivées à un degré de siccité parfait, on les soumet au battage dans le champ même.

Toutefois, lorsqu'on appréhende la pluie, ou que la récolte est trop considérable pour qu'on puisse procéder expéditivement à son enlèvement, on use du moyen suivant :

Aussitôt que le colza est coupé, on le met en meule, la graine tournée vers le centre. De cette manière, il mûrit très-bien, et sa qualité n'en est nullement altérée.

On peut le semer pour fourrage vert ; dans ce cas, la graine doit en être répandue à plus forte dose que dans ceux précédents. L'époque la plus favorable pour ce semis est le commencement d'octobre. Il réussit très-bien avec un seul labour sur le chaume d'une céréale. On le fait pâturer ou faucher ; les bestiaux de toute espèce en sont très-friands. On peut encore le réserver pour l'enfouir en vert, à l'effet d'améliorer le sol. Dans ce dernier cas, on attend qu'il soit prêt à montrer ses fleurs.

Sous le rapport de l'assolement, le colza est fort avantageux ; car il prépare très-bien la terre à recevoir du froment ; et le trèfle, semé dans cette graminée, donne presque toujours des produits abondants.

Néanmoins, et en cela nous sommes parfaitement d'accord avec beaucoup de bons agriculteurs, nous pensons que le colza, considéré avec raison comme plante épuisante, ne doit revenir que rarement dans les mêmes terres. On fera donc sagement de laisser écouler un délai de sept ou huit ans avant d'exiger d'elles, de nouveau, ce genre de produit.

ART. 26.

De la culture de la navette.

Souvent il arrive que, à raison, soit de l'inclémence des saisons, soit de l'accumulation des travaux champêtres, certains champs qu'on avait destinés à être emblavés au commencement du printemps, n'ont point encore été cultivés au mois de juin. Il est évident qu'alors il ne faut plus songer à ensemencer ces héritages avec les graines qu'on leur consacrait d'abord. D'un autre côté, il serait très-pénible pour l'exploitant de les laisser improductifs jusqu'à l'automne, et de perdre ainsi une année de produit. C'est donc le cas, dans une semblable circonstance, de porter ses vues sur des ensemencements qui, bien que tardifs, ont néanmoins encore une grande chance de succès.

Parmi ceux qui nous semblent le mieux remplir cette condition, nous croyons devoir citer la navette d'été.

Examinons en même temps les meilleurs procédés à appliquer à ce genre de culture.

Les terrains qui lui conviennent le mieux sont ceux bien ameublis, calcaires ou sablonneux. Elle réussit aussi parfaitement sur un sol qui a été soumis à l'écobuage. Elle prospère encore très-bien immédiatement après une récolte de trèfle rouge.

On la sème à la volée, à la quantité de cinq ou six kilogrammes par hectare.

Cette plante, comme toutes celles qui appartiennent à la famille des crucifères, est susceptible d'être, à sa naissance, détruite par l'altise ou puceron. On doit donc lui appliquer les moyens préservatifs enseignés à l'égard de cette famille, notamment l'immersion préalable de la graine et l'emploi de la chaux pulvérisée.

Il ne faut pas attendre pour récolter la navette qu'elle ait atteint complètement sa maturité ; autrement on perdrait beaucoup de graine. Aussitôt donc qu'on en verra les feuilles et la tige se dessécher et les siliques blanchir, il faudra la couper et la disposer en javelles, qu'on laissera sur le sol jusqu'à leur dessiccation parfaite.

Il y a une autre espèce de navette appelée d'hiver, et qui est beaucoup plus productive que la précédente. On la sème à l'automne. Elle a en outre l'avantage de pouvoir être consommée au printemps comme fourrage ; et même après l'avoir fait pâturer, si l'on en retire assez tôt le bétail, on en obtient encore une récolte très-passable de graine.

Lorsqu'on veut arriver au nettoiement du sol, il faut, soit qu'il s'agisse de l'une ou de l'autre des deux variétés de navette, les disposer en lignes assez distantes les unes des autres pour y passer la houe à cheval.

Terminons notre sujet par cette remarque que la loi de l'alternation s'oppose à ce qu'après la culture de la navette on récolte consécutivement, dans le même terrain, des produits oléifères. Ils ne peuvent fructueusement y trouver place qu'au bout de quelques années.

ART. 27.

Des mouches à miel.

Une partie de l'économie rurale qui semble avoir peu d'importance, mais qui cependant est susceptible, surtout dans les contrées méridionales, de donner aux agriculteurs des produits qui ne sont pas à dédaigner, est l'apiculture, ou l'art d'élever les abeilles. Malgré cet avantage, et bien qu'elle n'exige qu'une très-faible mise de fonds et des dépenses d'entretien à peu près nulles, on ne la voit pratiquer que dans un très-petit nombre d'exploitations et sur une échelle des plus restreintes, et encore, le plus ordinairement, avec une inobservance manifeste des règles qu'elle comporte.

Frappé de ces considérations, nous croyons devoir joindre nos efforts à ceux des hommes éminents qui ont essayé de propager cette branche intéressante de l'agriculture, en essayant, comme eux, de démontrer les avantages qu'elle peut procurer, et d'enseigner les moyens très-simples d'y arriver.

Circonscrit dans ces limites, nous n'avons pas à nous occuper des abeilles sous le rapport scientifique. Un examen de ce genre sortirait d'ailleurs du cadre que nous nous sommes tracé. Que ceux qui veulent s'édifier à ce sujet lisent les ouvrages des savants naturalistes qui l'ont traité; ils y trouveront la description complète des mœurs, de l'organisation gouvernementale et des diverses autres particularités caractéristiques de ces curieux insectes.

Nous aborderons donc seulement, et avec notre brièveté habituelle, le côté économique et pratique des abeilles.

Outre le produit en miel et en cire de chaque ruche, produit qui s'élève annuellement au moins à six francs, et celui de leurs essaims, qui monte à une somme à peu près

égale, les abeilles, butinant sur les fleurs, servent d'auxiliaires puissants à leur fécondation, en portant sur leurs
pistils la poussière génératrice des capsules qu'elles ont
brisées, et augmentent ainsi, dans une proportion considérable, la récolte des fruits.

Pour obtenir un succès marqué dans la culture des
mouches à miel, il faut se conformer aux principes suivants :

On doit avoir des ruches bien conditionnées, et disposées
de telle sorte qu'aucun animal destructeur ne puisse s'y introduire, et qu'elles soient à l'abri des intempéries. On arrivera
à ce dernier résultat surtout par le moyen d'un rucher, ou
espèce de hangar, qu'on pourra construire à très-peu de
frais.

On veillera à ce qu'à proximité des abeilles il y ait
toujours de l'eau pure, car ce liquide paraît nécessaire à la
bonne préparation du miel qu'elles élaborent ; un petit ruis-
seau, où coule constamment une eau limpide, constitue une
précieuse position pour les abeilles.

Les fleurs des arbres et celles des prairies servent de
base à la nourriture des mouches à miel ; les cantons où
se trouvent ces sortes de fleurs conviennent donc tout
particulièrement à la culture en grand de ces insectes ; mais
ce n'est pas une raison de la négliger dans les pays moins
favorisés sous ce rapport ; en effet, on y supplée efficacement
par l'établissement de certaines emblavures, telles que celles
du sarrazin, des fèves, des pois, des porte-graines de bette-

raves, et en général de toutes les plantes odoriférantes mel-
lifères.

La récolte de la cire doit avoir lieu à une époque différente de celle du miel.

La première se fait au mois de mars,

Et la seconde au mois d'août.

Cependant, beaucoup d'agriculteurs n'observent point
cette distinction et ils recueillent tout à la fois, miel et cire,
la plupart dès le printemps.

Cette méthode est des plus vicieuses, car il en résulte un
grand dommage pour les couvains principalement, et, par
suite, une perte d'essaimages.

La saison qui nous semble offrir le moins d'inconvénients
pour le déplacement des abeilles, est le courant d'octobre.

La légèreté du poids des ruches annonçant que leur provi-
sion hivernale est peu abondante, il faut y remédier par
l'introduction, dans une assiette, d'un sirop composé de
mélasse, ou de miel mélangé d'un peu de sel, le tout délayé
sur un feu doux.

Les tables sur lesquelles reposent les ruches doivent être,
ainsi que le sol en dessous, dans un état constant de propreté.

Pour ne pas perdre d'essaims, il faut veiller attentivement à leur sortie. On exercera facilement cette surveillance si les ruches sont en vue de l'habitation, disposition
qu'on doit toujours rechercher. L'émigration de la peuplade
est invariablement précédée d'un grand bourdonnement. Le

soin dont il s'agit n'a besoin d'être pris, au surplus, que pendant les mois de mai et de juin, car on ne voit guère les abeilles essaimer à d'autres époques de l'année.

Il faut bien se garder de suivre l'exemple de ces cultivateurs routiniers qui, au moment de la sortie des abeilles, frappent à coups redoublés sur des poêles et des chaudrons, croyant ainsi retenir ces petits animaux, tandis qu'au contraire ils les effraient, les font enfuir au loin, et causent souvent ainsi la perte des essaims.

Il est plus naturel, assurément, et bien moins fatigant, de rester tranquillement simple observateur de l'émigration et de suivre de l'œil la nouvelle colonie ; rarement elle s'éloigne de la ruche mère ; elle va se fixer ordinairement à une branche d'arbre, d'où il est facile de la recueillir dans une ruche préparée à cet effet. Quelquefois l'essaim se place dans un endroit moins commode ; alors on se sert de la fumée pour le détacher. S'il paraît vouloir s'élever outre mesure, on le force à descendre, en lui lançant quelques poignées de sable ou de terre fine.

FIN.

TABLE DES MATIÈRES.

CHAPITRE VIII.

CHAPITRE IX.

CHAPITRE X.

CHAPITRE XI.

CHAPITRE XII ET DERNIER.

FIN DE LA TABLE.

Nevers, I.-M. Fay, Imp.